Kohlhammer

Soziale Arbeit – kompakt & direkt

Herausgegeben von Rudolf Bieker und Heike Niemeyer

Eine Übersicht aller lieferbaren und im Buchhandel angekündigten Bände der Reihe finden Sie unter:

https://shop.kohlhammer.de/soziale-arbeit-kompakt-direkt

Der Autor

Prof. Dr. Anusheh Rafi lehrt Recht für die Soziale Arbeit an der Evangelischen Hochschule Berlin und ist freiberuflicher Mediator, Coach und Rechtsanwalt. Er bietet bundesweit Seminare zu den Themen Mediation, Rhetorik, Kommunikation und Personalentwicklung an. Zurzeit schreibt er eine weitere Dissertation an der Eberhard Karls Universität Tübingen (Seminar für Allgemeine Rhetorik) zum Thema der Rhetorik der Verständigung in Konflikten unter Leitung von Prof. Dr. Olaf Kramer.
Prof. Dr. Anusheh Rafi ist erreichbar unter www.konflikte-aufheben.de.

Anusheh Rafi

Rhetorik für die Soziale Arbeit

Professionelles Kommunizieren in der Praxis

Verlag W. Kohlhammer

1. Auflage 2025

Gesamtherstellung: W. Kohlhammer GmbH, Heßbrühlstr. 69, 70565 Stuttgart
produktsicherheit@kohlhammer.de

Print:
ISBN 978-3-17-042830-0

E-Book-Formate:
pdf: ISBN 978-3-17-042831-7
epub: ISBN 978-3-17-042832-4

Vorwort der Reihenherausgeber*innen

Ergänzend zu klassischen Lehrbüchern geht es in der neuen Reihe »Soziale Arbeit – *kompakt & direkt*« um die vertiefende Bearbeitung spezieller Themen- und Fragestellungen aus der Sozialen Arbeit und ihren Bezugsdisziplinen, z. B. theoretische Konzepte, spezifische Methoden, Arbeitsfelder oder soziale Probleme. *Kompakt und direkt* heißt die neue Reihe, weil sie in der Präsentation der Inhalte auf das konzentriert ist, was Lernende über das ausgewählte Thema wissen und für Studienleistungen und Prüfungen zielgenau aufbereiten können sollten.

Zielgruppen der Reihe sind jedoch nicht nur Studierende im Bachelor- oder Masterstudium, sondern auch Berufseinsteiger*innen und Praktiker*innen, die autodidaktisch oder in Fortbildungen Anschluss an den aktuellen wissenschaftlichen Diskurs halten wollen.

Der fokussierte Zuschnitt der Bände spiegelt sich in einem innovativen Buchformat, das Leser*innen Überschaubarkeit im Umfang und eine gut strukturierte Textpräsentation bietet. Zentrale Sachverhalte werden anhand von Praxisbeispielen und Abbildungen veranschaulicht. Didaktische Elemente wie Begriffserläuterungen, Textcontainer, Reminder, Essentials, kurze Zusammenfassungen, Piktogramme etc. erleichtern das Erfassen, Speichern und Wiederaufrufen der Inhalte.

Die Autor*innen der Bände sind durch ihre wissenschaftliche Expertise ausgewiesen, schreiberfahren und stehen in der Regel mit Studierenden und Praxisfeldern in engem Kontakt.

Rudolf Bieker und Heike Niemeyer, Köln

Zu diesem Buch

> »Es ist offensichtlich, wie gern die Menschen täuschen und sich täuschen lassen; denn die Rhetorik, dieses mächtige Werkzeug des Irrtums und Betrugs, hat ihre festangestellten Professoren (...)« (Locke 1988, 3. Buch, Kapitel X).

Die Rhetorik hat seit der Aufklärung keinen guten Ruf. Sie gehörte zuvor aber Jahrhunderte lang zur Grundausbildung jeder gebildeten Person. Ab dem 19. Jahrhundert wurden eigenständige Rhetoriklehrstühle in Deutschland abgeschafft und das Wissen über die Rhetorik eher in Literaturwissenschaften, Philologie und anderen Disziplinen tradiert; in der Sozialen Arbeit wird rhetorische Literatur kaum berücksichtigt. Das ist sehr schade, weil es viele Überschneidungen gibt.

In diesem Buch möchte ich Sie dazu einladen, die Soziale Arbeit als eine rhetorisch anspruchsvolle Profession zu betrachten. Sie werden neben konkreten Anregungen für Ihre Arbeit (z. B. konkrete Gesprächsführungstechniken) auch Grundhaltungen und Grundannahmen in der Sozialen Arbeit reflektieren und Ihre Argumentationsfähigkeit verbessern. Sie werden viele rhetorische Ansätze für die Soziale Arbeit kennenlernen und diese aus einem vermutlich neuen Blickwinkel betrachten.

Die Rhetorik kann sowohl hinsichtlich des Einflusses auf andere Menschen als auch hinsichtlich der adressatenorientierten Kommunikation einige wichtige Impulse geben. Das wird anhand der Grundhaltung gegenüber anderen Menschen in Kapitel zwei und drei beleuchtet. Im vierten Kapitel werden dann mit Hilfe rhetorischer Ansätze konkreter einige in der Sozialen Arbeit verbreitete Annahmen kritisch betrachtet. Sehr konkret werden dann bestimmte Modelle und Methoden im fünften Kapitel rhetorisch reflektiert. Da die Argumentation in der Kommunikation mit Klient*innen von großer Bedeutung ist, wird dem Thema der

Argumentation ein eigenes Kapitel gewidmet, welches den Abschluss des Buches bildet.

Insgesamt ist es mein Ziel, Ihnen wertvolle Anregungen für die Arbeit zu bieten, Sie aber auch darüber hinaus neugierig zu machen auf die so reichhaltige Literatur zur Rhetorik. Sie ist bislang in der Sozialen Arbeit zu Unrecht vernachlässigt worden.

Berlin, im Mai 2025 Anusheh Rafi

Inhalt

1 Die Bedeutung der Rhetorik für die Soziale Arbeit

☞ Überblick

Im ersten Kapitel wird das hier zugrundeliegende Rhetorikverständnis beschrieben und deutlich gemacht, warum die Soziale Arbeit zu einem großen Anteil eine Arbeit mit Sprache darstellt. Es wird hervorgehoben, dass die Soziale Arbeit aufgrund dieser sprachlichen Arbeit von der Rhetorik profitieren kann.

Die Soziale Arbeit als Profession beschäftigt sich mit der Fragestellung, wie man Menschen in Problemlagen unterstützen kann. Unabhängig von der umstrittenen Frage, ob die Soziale Arbeit als eigenständige Wissenschaft anzusehen ist, baut die Soziale Arbeit als relativ junge Disziplin auf vielen Ansätzen aus unterschiedlichen Disziplinen auf (siehe für einen kurzen Überblick Füssenhäuser 2022, 789 ff.; ausführlicher Engelke 1998, 9 ff.). Allein die Rhetorik wird kaum rezipiert, obwohl sie als jahrtausendealte Disziplin sowohl der Praxis als auch der Theorie der Sozialen Arbeit viel bieten kann. Grund für diese Zurückhaltung ist vermutlich ein einseitiges negatives Bild von der Rhetorik. Im Folgenden werden daher zunächst das dem Buch zugrundeliegende Rhetorikverständnis dargestellt und die Bedeutung der Rhetorik für die Soziale Arbeit erläutert. Beide Aspekte werden im folgenden Kapitel vertieft, wenn es konkret um das zugrundeliegende Menschenbild der Rhetorik und das Menschenbild der Sozialen Arbeit geht.

1.1 Was ist Rhetorik?

Rhetorik ist die Kunst der Persuasion. Dieses Verständnis von Rhetorik ist in Anlehnung an Aristoteles am bekanntesten und wird auch dieser Arbeit zugrunde gelegt. »Persuasion« wird im Deutschen meist mit »Überreden« oder »Überzeugen« übersetzt, doch beides trifft nicht ganz den Begriff der Persuasion, der letztlich nicht zwischen Überredung und Überzeugung unterscheidet. Diese Unterscheidung ist erst mit der Aufklärung in die deutsche Sprache aufgenommen worden und soll eine auf wahrer Erkenntnis beruhenden Überzeugung von einer auf bloßen Meinungen beruhenden Überredung trennen. Für das Verständnis der Rhetorik ist diese Unterscheidung allerdings verhängnisvoll; sie reproduziert eine schon in der Antike bei Platon angelegte Abwertung der »sophistischen« Rhetorik als den Bereich der unwissenschaftlichen Meinung, Überredung oder Manipulation (doxa) gegenüber einem Bereich der wissenschaftlichen und gesicherten Erkenntnis (episteme). Eine solche Differenzierung lässt sich nicht als klare Abgrenzung aufrechterhalten. Außer in der Mathematik gibt es kaum Bereiche, in denen Menschen mit kulturunabhängigen und zeitlos gültigen Argumenten »überzeugt« werden.

Gerade im Bereich der Sozialen Arbeit geht es meist nicht um allgemeingültige Wahrheiten, sondern um den Kontakt zu anderen Menschen und ihre Wünsche. Bei aller Diskussion um eigene wissenschaftliche Standards in der Sozialen Arbeit bleibt diese sehr handlungsbezogen und ist an der Wirkung von Interventionen in bestimmten Situationen interessiert. Das hat sie letztlich mit der Rhetorik gemein, denn der Wirkungserfolg kann immer auch rhetorisch beschrieben und analysiert werden. Dass das bislang kaum geschehen ist, liegt vermutlich an einem sehr einseitigen und negativen Verständnis von Rhetorik in der Sozialen Arbeit. Rhetorik wird von vielen Menschen als ein Mittel gesehen, ein Publikum im Monolog von der eigenen Ansicht zu überzeugen. Dabei wird übersehen, dass die Rhetorik schon in der Antike den Dialog teilweise einbezieht (z.B. Cicero 1997, Buch 1, 32) und handlungsbezogen (und damit auch interaktionsbezogen) unterrichtet wurde (Hetzel 2011, z.B. 130). Ferner befassen sich moderne Ansätze der Rhetorik explizit mit der Gesprächsführung, wie es insbesondere in der sogenannten Gesprächsrhetorik der Fall ist (siehe hierzu z. B. Kallmeyer 1996, Knape 2009, Hess-Lüttich 2021). Darüber hinaus ist Rhetorik auch keineswegs ein bloßes Mittel zur Überredung anderer Menschen, um diese für die eigenen Interessen zu nutzen.

Der ethisch korrekte Gebrauch der Rhetorik war immer schon ein wesentliches Thema in allen seriösen Ansätzen. Persuasion schließt keineswegs aus, sich um das Verstehen anderer Menschen zu bemühen. Im Gegenteil ist es sogar für den Persuasionsprozess notwendig, sich mit den Gefühlen und Bedürfnissen der Gesprächspartner*innen auseinanderzusetzen, um sie besser zu erreichen. Diesbezüglich hat die Rhetorik viel mit allgemeinen Ansätzen der Kommunikation gemein. Anders als diese betont sie jedoch stärker das Kommunikationsinteresse – also das, was im Kommunikationsmodell von Schulz von Thun als »Appell« bezeichnet wird (Schulz von Thun 1981, 29 f.). Insbesondere aber kann die Rhetorik anders als die Literatur zur psychosozialen Beratung und Gesprächsführung auf eine jahrtausendelange Tradition zurückblicken. Diese soll für die Soziale Arbeit nutzbar gemacht werden.

1.2 Bedeutung der Sprache für die Soziale Arbeit

Soziale Arbeit ist zu einem Großteil sprachliche Arbeit und diese bedarf zu ihrem effektiven Einsatz der Rhetorik. Mit »Sprache« sind in diesem Rahmen nicht nur verbale Äußerungen gemeint, sondern jegliche Formen der Kommunikation, die über Zeichen verlaufen – also auch Gesten, Mimik und Ausdruck. Schließlich soll nicht nur ein »Ja« rhetorisch betrachtet werden, sondern auch ein »Nicken«, welches ebenso ein Zeichen darstellt wie die verbal geäußerte Zustimmung. Für eine in diesem Rahmen nicht vertiefte Differenzierung des Begriffs Sprache siehe z. B. Kutschera (1993, 17) und Crystal (1995, 396 ff.). Die Soziale Arbeit ist rhetorisch in dem Sinne, dass man in der Sozialen Arbeit andere Menschen mit unterschiedlichen kommunikativen Mitteln zu etwas bewegen möchte.

Praxisbeispiele

Beispiele für solche Beeinflussungsversuche sind vielfältig: Ein jugendlicher Straftäter soll zu einem straffreien Leben bewogen werden; eine schwangere Frau soll den Konsum von Alkohol einstellen; eine Richterin soll die Entscheidung in einem Sorgerechtsstreit aussetzen, damit die Eltern in einer Mediation eine einvernehmliche Lösung entwickeln können; eine Kollegin soll davon überzeugt werden, mehr Fälle zu übernehmen etc.

Die Beispiele ließen sich leicht erweitern und geben einen Eindruck von der Vielfalt der Beeinflussungsversuche in der Sozialen Arbeit. »Beeinflussung« wird zwar gerade im psychosozialen Kontext teilweise als eine »Manipulation« angesehen und diese wird in der Regel negativ konnotiert (zu einem neutralen Manipulationsbegriff siehe Fischer 2017). Allerdings wäre es unrealistisch anzunehmen, dass wir ohne jegliche Intention zur Beeinflussung kommunizieren. Wir kommunizieren letztlich immer mit anderen Menschen, um sie in irgendeiner Weise zu beeinflussen. Das ist nur dann ethisch fragwürdig, wenn die Art der Beeinflussung darauf abzielt, die Autonomie anderer Menschen einzuschränken, um lediglich Eigeninteressen durchzusetzen. Die Frage der ethisch zulässigen und unzulässigen Beeinflussung ist ein Thema, das bereits in der Rhetorik seit der Antike diskutiert und auf das später ausführlicher eingegangen wird (► Kap. 3.1). An dieser Stelle soll nur deutlich werden, dass Soziale Arbeit zumindest auch persuasiv vorgeht und daher für die Profession interessant ist, wie man andere Menschen rhetorisch beeinflussen kann.

Es gibt aber noch einen zweiten Aspekt, der die Bedeutung der Rhetorik für die Soziale Arbeit unterstreicht. Sozialarbeiter*innen müssen, wie kaum eine andere Profession, unterschiedliche Sprachen miteinander verbinden. Sie müssen in der Lage sein, die Klient*innen mit ihrer Beschreibung des Problems abzuholen, das Problem aber auch in Hilfsangebote der Sozialen Arbeit übersetzen und professionsadäquat an Dritte kommunizieren.

Praxisbeispiel

Der 13-jährige Kai beschreibt die Schläge seines Vaters und seine entsprechenden Trotzreaktionen und Sticheleien als ein »Machtspiel«. Dieses »Machtspiel« wird bei der fallbearbeitenden Sozialarbeiterin je nach Kontext unterschiedlich bezeichnet werden. Im juristischen Kontext handelt es sich um eine Kindeswohlgefährdung. Wenn man einen Teilsorgerechtsentzug vor Gericht erwirken möchte, wird man somit eher den Begriff Kindeswohlgefährdung verwenden müssen. Gegenüber dem Vater mag sein gewalttätiges Verhalten als ein Zeichen von Hilflosigkeit gewertet werden. Hier sind systemische Beschreibungen sicherlich zielführender, wenn man dem Vater eine Erziehungsberatung nahelegen will. Möchte man Kais Handlungsoptionen stärken, könnte neben einer Aufklärung über die Grenzen des elterlichen Erziehungsrechts auch eine systemische Erklärung hilfreich sein, denn je stärker Kai »trotzt«, desto hilfloser fühlt sich eventuell der Vater, was ihn dann zum Schlagen veranlasst. Soziologisch gesehen könnte die Frage gestellt werden, welche Generationen in welchen Orten und Schichten verstärkt mit Schlägen großgezogen wurden und solche Erfahrungen nunmehr reproduzieren.

Sozialarbeiter*innen müssen früh lernen, »anschlussfähig« zu kommunizieren – also in einer Form zu sprechen, die nicht nur von den Klient*-innen, sondern auch von anderen Professionen verstanden wird. Das ist eine Leistung, die immer hilfreich ist. Sie ist für die Soziale Arbeit allerdings elementar, weil diese davon lebt, verschiedene Alltagswelten zu verbinden und die Anliegen der Klient*innen in Angebote der Sozialen Arbeit zu übersetzen (siehe auch Thiersch 2020, 72, 108).

Praxisbeispiel

Ob der Schlag eines 14-jährigen Jungen in den Magen seines Mitschülers als »Körperverletzung«, als »mangelnde Impulskontrolle«, als »hormongesteuerte Überreaktion« oder als »Überforderung von Jugendlichen in einer leistungsorientierten Gesellschaft« beschrieben wird, hängt sehr davon ab, mit wem gerade gesprochen wird. In der Sozialen Arbeit sollten alle Systeme bedient werden können.

Gut zu merken

In der Sozialen Arbeit geht es auch darum, Einfluss auf andere Menschen zu nehmen. Hierzu ist es wichtig, sie in ihrem Denken und ihren Bedürfnissen zu erreichen und insoweit »anschlussfähig« zu kommunizieren.

Reflexionsfragen

- Wie sehr passen Sie sich bewusst oder unbewusst im Sprachgebrauch an andere Menschen und Situationen an?
- Ist diese »Anpassung« eine Verstellung, um andere Menschen in Ihrem Sinne zu manipulieren? Ist sie eher eine Form von Wertschätzung gegenüber anderen Menschen, die auf diese Weise besser erreicht werden können? Wie können Sie diese beiden Extremformen voneinander unterscheiden?

Weiterführende Literatur

Fischer, Alexander (2017): Manipulation. Frankfurt am Main: Suhrkamp.

Kramer, Olaf (2023): Böse Rhetorik? In: Spektrum der Mediation Ausgabe 91, S. 12–14.

Ueding, Gert, Steinbrink, Bernd (1994): Grundriss der Rhetorik. 3. Aufl. Stuttgart/Weimar: J. B. Metzler.

2 Das Menschenbild in der Rhetorik und seine Parallelen in der Sozialen Arbeit

☞ Überblick

Während im ersten Kapitel der Fokus auf sprachlicher Arbeit gelegen hat, wird in diesem zweiten Kapitel das Menschenbild in der Sozialen Arbeit und der Rhetorik betrachtet. Es wird gezeigt, dass beide Disziplinen viele Parallelen in ihrem Blick auf den Menschen aufweisen.

Hans Blumenberg (1991) hat in seiner anthropologischen Annäherung an die Aktualität der Rhetorik deutlich gemacht, dass der Mensch als Mangelwesen der Rhetorik *bedarf*. Der Mensch sei weder in der Lage, eine vermeintlich objektive Wahrheit zu erkennen, noch habe er die zeitlichen Kapazitäten, jede Situation wissenschaftlich in unbegrenzter Zeit auszudiskutieren. Er kommt daher zu der Schlussfolgerung: »Evidenzmangel und Handlungszwang sind Voraussetzungen der rhetorischen Situation« (Blumenberg 1991, 297). Nur weil wir Menschen kein gemeinsames Verständnis von Wahrheit haben und uns eine subjektive Weltsicht aufgrund unserer Vorerfahrungen konstruieren, sind wir im Zusammenleben davon abhängig, uns wechselseitig unsere Ansichten zu kommunizieren und zu einem gemeinsamen Verständnis zu kommen. Das wird im Folgenden genauer ausgeführt. Eine Konsequenz daraus ist das Interesse an anderen Menschen, welches eine Grundlage für die Soziale Arbeit darstellt.

2.1 Das Fehlen von allgemeingültigen Gewissheiten

Die Sehnsucht des Menschen nach Klarheit und Orientierung ist groß. Die Suche nach zeit- und kulturunabhängigen Wahrheiten ist daher sehr naheliegend. Die Suche hat sich bislang (eventuell mit Ausnahme einiger naturwissenschaftlicher und mathematischer Erkenntnisse) als erfolglos erwiesen. Das ist ein starkes Indiz dafür, dass solche Wahrheiten schlicht nicht existieren. Gerade in den für die Soziale Arbeit relevanten Situationen geht es nicht um den mathematischen Beweis, dass die Winkelsumme von Dreiecken in der Euklidischen Geometrie stets 180° beträgt. Vielmehr geht es um komplexe interdependente Konfliktsituationen, die nicht mit einer Suche nach Wahrheit, sondern nur durch eine gemeinsame *Verständigung über unterschiedliche Wahrnehmungen* befriedet werden können.

Praxisbeispiel

In einer betreuten Wohngruppe gibt es Streit darüber, ob sich Claudia ausreichend in die täglichen anfallenden Arbeiten einbringt. Monika wirft Claudia »Faulheit« vor. Claudia verteidigt sich, indem sie sagt, dass sie sich nur zurückziehe, weil sie Angst vor Monika habe, die sie stets aggressiv angehe. Monika wiederum hält das für eine Ausrede und meint, wenn Claudia ihren Beitrag zur Wohngruppe leisten würde, wäre sie keineswegs aggressiv. Es ist in einer solchen Situation müßig zu klären, ob Claudia sich zunächst zu wenig eingebracht und die Aggressivität von Monika provoziert hat oder ob umgekehrt Monikas Aggressivität zu Claudias Rückzug führte. Es wird sich nicht klären lassen, wer »angefangen« hat. Vielmehr erleben sich beide Seiten als reagierend und es ist hilfreicher, mit ihnen die bestehende Interaktionsdynamik und alternative Verhaltensmöglichkeiten zu besprechen, als Ursachenforschung zu betreiben.

Watzlawick, Beavin und Jackson (1996, 92 ff.) haben in Fällen wie dem genannten Beispiel auf die Willkürlichkeit der Interpunktion hingewiesen: Claudia wird immer an einem Punkt beginnen, an dem sie auf Monika reagiert, wohingegen Monika nur einen etwas früheren Zeitpunkt wählen muss, um ihr Verhalten als eine Reaktion auf Claudia zu beschreiben. Die unterschiedlichen Wahrnehmungen entstehen aber nicht nur aufgrund einer unterschiedlichen Interpunktion, sondern auch, weil die auf den Menschen einwirkenden Informationen gar nicht alle verarbeitet werden können und daher schon vor ihrer bewussten Wahrnehmung einige Informationen verloren gehen (Vester 1986, 58 ff.). Auch werden Sinneseindrücke durch den Kontext verfälscht, in dem sie wahrgenommen werden (Plous 1993, 83 ff.) – sodass z. B. Relationen in unterschiedlichen Kontexten anders wirken. Wir frieren beispielsweise im Herbst bei 15 °C nach einem warmen Sommer und empfinden die gleiche Temperatur im Frühling als warm. Aus diesen Gründen können wir uns nur in Ausnahmefällen auf klare »Evidenzen« berufen und müssen unterschiedliche Wahrnehmungen kommunizieren. Fast alle vermeintlichen Evidenzen können aus verschiedenen Perspektiven betrachtet werden. Dieser Relativismus ist bereits in vielen Ansätzen der sophistischen Rhetorik angelegt (siehe Kerferd 1981, 83 ff.).

2.2 Die Konstruktion von Wahrheit

Es ist allerdings nicht nur so, dass wir schlicht die Welt unterschiedlich wahrnehmen. Wir konstruieren uns auch unsere Wahrheiten aufgrund von Vorinformationen. Was in der Kommunikationswissenschaft teilweise als Echo-Kammer-Effekt beschrieben wird, wurde allgemeiner von Piaget in seiner Arbeit über den Aufbau der Wirklichkeit beim Kinde vorweggenommen (Piaget 1998, 337 ff.): Schon Kinder bemühen sich um Orientierung in einer komplexen Welt. Deshalb führen neue Informationen nicht stets zu einem Umdenken bzw. einer Anpassung des eigenen Denkens an die neuen Informationen (Akkommodation). Vielmehr werden auch viele Informationen an das eigene Weltbild angepasst (Assimilation). Dadurch können sich beispielsweise viele Vorurteile entgegen vielzähliger Gegenbeispiele erhalten. Eine ausländerfeindlich eingestellte Person wird z. B. ihr sympathische Menschen nicht als Ausländer*innen wahrnehmen oder (sofern ihr bekannt ist, dass es Ausländer*innen sind) als Ausnahme ansehen. Allerdings ist die Assimilation nicht nur negativ. Sie ist notwendig, um eine Orientierung zu ermöglichen. Die Gestaltpsychologie hat vielfältige Phänomene beschrieben, in denen wir aus Teilwahrnehmungen ein Gesamtbild konstruieren (siehe für einen Überblick Tholey 1999, 249 ff.). Ähnlich ist das in der Rechtsprechung bekannte Phänomen des »Knallzeugen« (siehe z. B. OLG Düsseldorf vom 06. 03. 2006 – I-1 U 171/05, Rdnr. 61): Zeugen haben einen »Knall« gehört und sich reflexartig umgedreht. Nunmehr konstruieren sie im Gehirn auch den Auslöser des Knalles und meinen, den Unfall nicht nur gehört, sondern auch gesehen zu haben. Werden Informationen nur noch assimiliert, sind wir unfähig zu lernen. Würden wir unser Denken an jede neue Information akkommodieren, könnten wir nie auf unseren Erfahrungen aufbauen und ebenfalls nicht lernen. Es bedarf stets einer angemessenen Balance zwischen Akkommodation und Assimilation (wobei die Frage der »richtigen« Balance schon sehr unterschiedlich beantwortet werden kann). Entsprechend werde ich andere Menschen nur erreichen, wenn meine Informationen und Gedanken für sie »anschlussfähig« sind. Ich muss mich mit anderen Worten auf die Menschen einstellen, mit denen ich kommuniziere. Das klingt trivial, ist allerdings im Alltag häufig eine große psychologische und rhetorische Herausforderung.

Praxisbeispiel

Kai (35 Jahre alt) hat keinen Schulabschluss und ist seit fünf Jahren arbeitslos. Er lässt sich vor seiner Sozialarbeiterin Eva (29 Jahre alt) zu einer Schimpftirade über Ausländer*innen hinreißen, die angeblich den Deutschen die Arbeitsplätze wegnehmen würden. Will Eva mit Kai im Dialog bleiben und ihn dazu motivieren, seine Vorstellung zu überdenken, wird sie ihn kaum mit Statistiken über die tatsächlichen Arbeitslosenzahlen, den bestehenden Fachkräftemangel in vielen Bereichen oder auch gesamtwirtschaftlich über das Entstehen von Arbeitsplätzen durch Einwanderung überzeugen. Vielmehr muss sie ihn zunächst empathisch in seiner Not über seine lange Arbeitslosigkeit und die vermutlich gefühlte Perspektivlosigkeit abholen, bevor er offen ist für eine Akkommodation hinsichtlich neuer Informationen.

Das Beispiel klingt zunächst einmal nach einer bekannten sozialarbeiterischen Gesprächsführung im Sinne der klientenzentrierten Interaktion. Das ist zutreffend, kann jedoch rhetorisch auch in der Bedeutung der Orientierung am Publikum gesehen werden: Jede Kommunikation muss sich am Publikum orientieren, um dieses zu erreichen (siehe z. B. Perelmann 1997, 35).

2.3 Das Interesse an anderen Menschen

Soziale Arbeit lebt von der Bereitschaft, sich auf andere Menschen und ihre Bedürfnisse einzustellen. Motiviert wird diese Bereitschaft in der Regel von einem Interesse an anderen Menschen, einer Neugierde auf ihre Denk- und Sichtweise und der Fähigkeit, eine andere als die gewohnte Perspektive einzunehmen. Ferner besteht auch in der Sozialen Arbeit vielfach ein gewisser zeitlicher Druck, um Entscheidungen zu treffen, Fristen einzuhalten und Notsituationen zu überwinden. Insofern wird in der Sozialen Arbeit wie in der Rhetorik von einem Evidenzmangel (wir sind mit unterschiedlichen subjektiven Vorstellungen konfrontiert und können uns in vielen Fällen nicht auf gemeinsames, allen evidentes Wissen berufen) und einem Handlungszwang (es müssen Entscheidungen getroffen werden) auszugehen sein. Erst die Unterschiedlichkeit von Menschen macht den Austausch über die Unterschiedlichkeit erforderlich. Ein gesellschaftlicher Zusammenhalt ist nur möglich, wenn Menschen miteinander im Kontakt sind und sich täglich neu über ihre unterschiedlichen Weltverständnisse austauschen und um ein gemeinsames Verständnis ringen. Dieser Austausch, dieses Ringen, erfolgt nicht allein in publikumswirksamen politischen Ansprachen, sondern in jeder Kommunikation, die über einen banalen Austausch von Floskeln hinausgeht.

Praxisbeispiel

Wenn der Streetworker Stephan (Straßensozialarbeit) den obdachlosen Otto dazu motivieren möchte, eine bestimmte Obdachlosenunterkunft aufzusuchen, handelt es sich um eine rhetorische Situation, denn Stephan wird versuchen, Otto zu etwas zu bewegen, was dieser möglicherweise zunächst nicht wünscht. Um sein Ziel zu erreichen, wird er sich mit dem auseinandersetzen müssen, was Otto daran hindert, die Obdachlosenunterkunft aufzusuchen (z. B. Furcht davor, bestohlen zu werden oder bestimmte Sozialdaten abgeben zu müssen; schlechte Erfahrungen in der Unterkunft; mehr Möglichkeiten, auf der Straße Geld zu erhalten etc.). Ohne das Interesse an den Beweggründen von Otto wird dieser kaum Interesse an den Argumenten von Stephan haben.

Das Beispiel macht deutlich, wie wichtig es ist, sich für andere Menschen zu interessieren. Es geht jedoch nicht nur darum, die Beweggründe der anderen Seite zu erfahren, sondern auch darum, Interesse am anderen Menschen zu signalisieren. In der Regel werden sich andere Menschen nämlich nur für uns interessieren und Vertrauen zu uns aufbauen, wenn sie spüren, dass sie für uns interessant sind. Die Bereitschaft, sich auf die Diversität der Menschen einzulassen, und die Neugierde, stets noch andere Sichtweisen kennenlernen zu wollen, sind sowohl in der Sozialen Arbeit als auch in der Rhetorik elementar. Die Notwendigkeit zu der genannten Bereitschaft und Neugierde sind Konsequenzen daraus, dass wir uns für einen gesellschaftlichen Zusammenhalt gemeinsame Evidenzen erst (rhetorisch) konstruieren müssen.

Praxistipp

Wenn man andere Menschen zu etwas bewegen möchte, wenn man sie erreichen und auch beeinflussen möchte, wird man das Ziel in der

Regel nur erreichen, indem man bereit ist, sich selbst beeinflussen zu lassen. Nur mit der Bereitschaft, eigene Vorurteile, Hypothesen, Einstellungen und Ziele zu überdenken, lassen wir einen Kontakt zum anderen Menschen zu.

Reflexionsfragen

- Radikale Skeptiker*innen zweifeln an Allem; viele Dogmatiker*-innen meinen hingegen, die »Wahrheit« zu kennen. Wohin tendieren Sie? Zum Skeptizismus oder zur Möglichkeit menschlicher Erkenntnis?
- Jeder Mensch macht seine eigenen Erfahrungen und bildet darauf gestützt seine eigenen Meinungen. Wo sehen Sie Grenzen, andere Meinungen akzeptieren zu können?
- In welchen Situationen entwickeln Sie eine Neugierde darauf, zu verstehen, wie andere Menschen denken? Wie verändert sich durch diese Neugierde ihre Kommunikation?

Weiterführende Literatur

Blumenberg, Hans (1991): Anthropologische Annäherungen an die Aktualität der Rhetorik. In: Josef Kopperschmidt (Hrsg.): Rhetorik, Band II (S. 285–312). Darmstadt: Wissenschaftliche Buchgesellschaft.

Kerferd, George Briscoe (1981): The Sophistic Movement. Cambridge: Cambridge University Press.

Watzlawick, Paul, Beavin, Janet H., Jackson, Don D. (1996): Menschliche Kommunikation. 9. Aufl. Bern: Hans Huber.

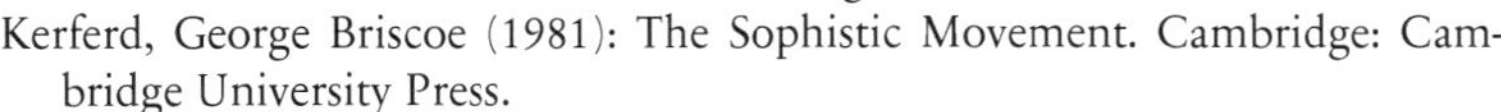

3 Gemeinsame ethische Grundannahmen

☞ Überblick

Im dritten Kapitel wird nun deutlich, dass auch ethische Grundannahmen in der Sozialen Arbeit in vielerlei Hinsicht vergleichbar sind mit ethischen Grundannahmen in der Rhetorik. Das ist nicht verwunderlich, da diese eng mit dem Menschenbild verbunden sind und dieses zwischen Sozialer Arbeit und Rhetorik ebenfalls viele Parallelen aufweist (▶ Kap. 2).

Ethik spielt sowohl in der Rhetorik als auch in der Sozialen Arbeit eine zentrale Rolle. Leeten (2019) geht davon aus, dass in der Antike die Redepraxis einer Lebenspraxis entsprach und damit die Ethik untrennbar mit der Rede verbunden war: Der Charakter des Menschen zeigt sich in seinen Worten. In der Sozialen Arbeit wird das Spannungsverhältnis zwischen Helfen und Kontrollieren bzw. Fördern und Fordern beschrieben, welches durch eine Orientierung an Professionsstandards und Menschenrechten entschieden werden soll (z.B. Schmid Noerr 2018, 93 ff.). Der Deutsche Bundesverband für Soziale Arbeit e.V. (DBSH) hat im Jahr 2014 eine von den Mitgliedern seiner Ethikkommission ausformulierte Berufsethik herausgegeben, die vor allem in drei Aspekten eine erstaunliche Übereinstimmung mit ethischen Diskussionen im Bereich der Rhetorik aufweist.

Ein Aspekt ist der Umgang mit Macht in helfenden Berufen (DBSH 2014, 26, Punkt 3.3.1): Die helfende Beziehung enthält ein Machtungleichgewicht zwischen der helfenden und der hilfesuchenden Person. Dieses Machtungleichgewicht erfordert einen verantwortungsvollen

Umgang mit Macht. So heißt es in der zitierten Berufsethik: »Problematisch wird Macht dort, wo Professionelle der Sozialen Arbeit Hilfesuchende als Person abwerten, sie manipulieren, ihrer Würde berauben und die eigene Macht als Herrschaftsmittel missbrauchen.«

Ein zweiter Aspekt ist die Haltung des »Nicht-Wissens« (DBSH 2014, 26, Punkt 3.3.2): Hintergrund ist die Annahme, jeder Mensch sei aufgrund seiner individuellen Veranlagung und Entwicklung einzigartig und dürfe daher nicht vorschnell kategorisiert werden. Vielmehr müssen die professionell Helfenden davon ausgehen, erst einmal nicht zu wissen, was die hilfesuchende Person benötigt. Ihr soll daher mit einer Haltung des »Nicht-Wissens« begegnet werden, welche eine Neugierde und ein Interesse an der anderen Person impliziert und damit ihre Individualität respektiert.

Der dritte Aspekt betrifft die Haltung zur »Transparenz« (DBSH 2014, 26, Punkt 3.3.4): Aus Respekt gegenüber der hilfesuchenden Person soll dieser stets verdeutlicht werden, welche Hilfen denkbar sind, welche Ziele verfolgt werden und wie der jeweilige Stand des Verfahrens und die gemeinsame Beziehung sind.

Alle drei Aspekte wurden über Jahrtausende in der Rhetorik diskutiert; es ist bedauerlich, dass diese Diskussion bisher kaum genutzt wird. Im Folgenden werden einige der Diskussionspunkte aus der Rhetorik zu allen drei Aspekten benannt.

3.1 Rhetorik und Machtmissbrauch

Die Macht der Rede war schon in der Antike bekannt. Im 5. Jahrhundert vor Christus wurde ihr vom berühmten Redner Gorgias von Leontinoi gar die Fähigkeit zugesprochen, andere Menschen so sehr zu zwingen, dass sie nicht mehr eigenverantwortlich seien (Georgias 2012, 10 f.). Ob dieses in der »Lobpreisung der Helena« aufgeführte Argument ernsthaft oder eher spielerisch gemeint war, ist unklar, in diesem Zusammenhang aber auch unwichtig. Von Bedeutung ist, dass schon in der Antike die Macht der

Rede erkannt wurde. Es stellte sich damit die Frage, ob die Macht der Rede – d.h. die Fähigkeit der Beeinflussung anderer Menschen – verantwortungsvoll eingesetzt werden müsse. So legt Platon seinem Lehrer Sokrates die Aussage in den Mund, der Redner müsse notwendigerweise gerecht sein, da er das Gerechte kennen müsse, um gut zu reden; und wer um das Gerechte wisse, der sei auch gerecht und der Gerechte werde notwendigerweise auch gerecht sein wollen (Platon 2011, Gorgias 459a–460c). Die Unterscheidung zwischen einer bloßen Meinung und dem wahren Wissen erscheint uns heute angesichts der vielen Theorien zu Wahrheitskonstruktionen und subjektiven Wahrheiten etwas fremd. Sie ist aber eine Grundlegung für die in der Aufklärung entstandene Unterscheidung zwischen Überreden und Überzeugen. Dieser Unterschied führt dazu, dass einer unethischen Rhetorik angelastet wird, sie wolle bloß überreden. Die gute Rhetorik, die dann vielfach gar nicht mehr als Rhetorik, sondern als wissensgenerierende Philosophie von dieser abgegrenzt wird, sei daran interessiert, wahrhaft zu überzeugen. Doch selbst wenn nicht streng zwischen Meinung und Wissen unterschieden wird und wir nicht zwischen Überredung und vorübergehender Überzeugung unterscheiden sollten, ist deutlich, dass Sprache machtvoll ist, ihre Beherrschung Macht verleiht und die Sprache verantwortungsbewusst genutzt werden sollte. Sprache kann verletzen und daher als Gewalt im Sinne der *violentia* verstanden werden (siehe hierzu u.a. Krämer, Koch 2010). Mit Sprache werden andere Menschen auch beeinflusst. Das ist in der psychosozialen Beratung gängig. Viele Ansätze in Therapie, Coaching, Supervision, Mediation etc. sind sprachlich geprägt und haben zum Ziel, die Klient*innen zu beeinflussen. Sie sollen sich selbst positiver erleben, sie selbst störende Verhaltensweise ablegen, eigene Anteile an Konfliktdynamiken erkennen, ihr Selbstbild mit dem Fremdbild besser in Übereinstimmung bringen etc. Diese Beeinflussung wird meist positiv gesehen, weil sie auf Wunsch der Klient*innen erfolgt. Wird sie jedoch mit dem Ziel durchgeführt, die andere Person gegen ihren Willen für eigene Zwecke zu nutzen, wird die Beeinflussung negativ als Manipulation angesehen. Dieser Sprachgebrauch ist nicht zwingend (siehe u.a. die unterschiedlichen Ansätze von Kramer 2023 und Fischer 2023), hat aber möglicherweise mit dazu geführt, dass die Rhetorik als Manipulation abgetan und die Literatur zur

Rhetorik daher in vielen Ansätzen der psychosozialen Beratung ignoriert wird.

Spätestens nach dem Zweiten Weltkrieg hat sich die Rhetorik intensiv mit dem Phänomen der Propaganda beschäftigt. Es wurde z.B. die Wirkung der Propaganda hervorgehoben, um die Gewaltbereitschaft und Feindseligkeit gegenüber anderen Menschen zu erklären. Ist nicht eine Person wie Hitler, der es gelingt, viele Menschen in seinem Sinne zu erschreckenden Taten zu mobilisieren, ein Künstler der Persuasion und damit auch ein guter Redner? Der Rhetorikprofessor Kopperschmidt möchte eine solche Einordnung nicht vornehmen, doch sein Argument ist rein emotionaler Natur und macht deutlich, wie schwer es ist, dem negativen Gebrauch der Rhetorik ihre Bedeutung abzusprechen: »Denn alles in mir sträubt sich dagegen, einen der größten Verbrecher in der deutschen Geschichte einen großen Redner zu nennen« (Kopperschmidt 2003, 181).

Im Bereich der Sozialen Arbeit sind Erkenntnisse der Propagandarhetorik interessant für den Umgang mit Hassreden in Social Media oder anderen Formen der Polarisierung und dem Aufbau von Feindbildern.

3.2 Rhetorik und Nicht-Wissen

Wie schon in Kapitel 2 ausgeführt, ist die Rhetorik deshalb notwendig, weil wir in den meisten (wenn nicht gar allen) Bereichen des Lebens über kein sicheres Wissen verfügen. Wir müssen uns daher stets kommunikativ auf gemeinsame Sichtweisen einigen, wenn diese für ein gemeinsames Zusammenleben erforderlich sind. Ferner benötigen wir eine Einsicht in unser begrenztes Wissen, um über ein ausreichendes Interesse an den Sichtweisen anderer Menschen zu verfügen.

3.3 Rhetorik und Transparenz

In der Rhetorik wird bei »Transparenz« meist an Klarheit (perspecuitas) gedacht. Die in der Sozialen Arbeit gemeinte Transparenz bezieht sich eher auf eine professionelle Aufrichtigkeit, da sie eine Transparenz hinsichtlich des Verfahrens und der eigenen Ziele beschreibt. Diese Aufrichtigkeit bezieht sich auf das Ethos bzw. den Charakter des Menschen. Nach Aristoteles ist der Charakter des Menschen zentral für dessen Überzeugungskraft, denn nur anständige Menschen erscheinen seiner Ansicht nach glaubwürdig (Aristoteles 2018, Rhetorik 1356a).

Beispiel

Der Hinweis, dass Rauchen schädlich sei, ist deutlich überzeugender, wenn er von einer Person geäußert wird, die selbst nicht raucht, obwohl sich an der Gültigkeit der Aussage nichts ändert. Hierzu passt auch die berühmte Passage aus Heinrich Heines Wintermärchen: »(…) Ich weiß, sie tranken heimlich Wein und predigten öffentlich Wasser« (Heine 1982, Caput 1, 9).

Viele für die Soziale Arbeit relevante Fragestellungen sind hinsichtlich der Bedeutung des Ethos schon angelegt. Reicht es aus, aufrichtig zu wirken, oder bedarf es einer entsprechenden Charakterstärke? Können gut eingesetzte Techniken eine fehlende innere Haltung kompensieren? Fragen dieser Art werden bis heute in der Rhetorik diskutiert und entspringen der Unterscheidung einer idealistischen Sichtweise (es Bedarf eines guten Charakters) und einer pragmatischen Sichtweise (es kommt darauf an, wie man wirkt) (siehe Johnson 2010). Sie sind eng mit zentralen Fragen der Sozialen Arbeit zum Aufbau einer Vertrauensbeziehung mit Klient*innen verbunden.

Reflexionsfragen

- Wie machtvoll kann Sprache sein? Kann Sprache auch verletzen? Wie unterscheidet sich eine sprachliche von einer physischen Verletzung?
- Ist Machtausübung etwas Schlechtes? Gibt es Situationen, in denen Machtausübung gegenüber Klient*innen moralisch richtig sein kann?
- Was ist meine eigene Haltung gegenüber anderen Menschen? Sehe ich sie stets als gleichberechtigt an oder habe ich manchmal den Eindruck, mich über- oder unterzuordnen? Wann sind mir andere Menschen sympathisch und wann nicht? Wie kann ich meine eigene Sympathie anderen Menschen gegenüber steuern?

Weiterführende Literatur

Kopperschmidt, Josef (2003): War Hitler ein großer Redner? In: Josef Kopperschmidt (Hrsg.): Hitler der Redner (S. 181–204). München: Wilhelm Fink.

Krämer, Sybille, Koch, Elke (Hrsg.) (2010): Gewalt in der Sprache. München: Wilhelm Fink.

Leeten, Lars (2019): Redepraxis als Lebenspraxis. München: Karl Albert.

4 Infragestellung einzelner Grundannahmen der Sozialen Arbeit aus rhetorischer Sicht

☞ Überblick

Während die ersten Kapitel eher die Parallelen zwischen den Disziplinen Rhetorik und Soziale Arbeit hervorgehoben haben, geht es in diesem Kapitel darum, über rhetorische Ansätze einen kritischen Blick auf Grundannahmen in der Sozialen Arbeit zu erhalten. Hierbei wird sowohl die Bedeutung von »Authentizität« hinterfragt als auch deutlich gemacht, dass ein guter Kontakt zu anderen Menschen nicht immer voraussetzt, sie auf allen Ebenen zu verstehen.

Da es sich nicht um ein allgemeines Lehrbuch der Sozialen Arbeit handelt, werden nicht alle wichtigen Grundannahmen der Sozialen Arbeit aufgeführt. Ferner kann auch darüber gestritten werden, welche Annahmen als »Grundannahmen« angesehen werden können. Im Folgenden werden Annahmen aufgeführt, die vielen Arbeiten zur Sozialen Arbeit zugrunde gelegt werden und aus rhetorischer Sichtweise in Frage gestellt werden müssen.

4.1 Die Bedeutung der Authentizität

Authentisch zu sein, wird vielfach als eine wichtige Voraussetzung angesehen, um eine gute Beziehung zu Klient*innen aufzubauen. Dabei wird ein Authentizitätsverständnis bemüht, welches in der humanistischen Psychologie häufig vertreten wird (Pauls, Gahleitner 2022): Der Mensch soll frei von Fassaden oder gesellschaftlichen Rollenvorgaben zu seinem »wahren« Selbst finden (siehe z.B. Rogers 1995, 166ff.). Trotz der Rezeption von dialogischen Ansätzen der Dialogphilosophen wie Martin Buber oder Fritz Rosenzweig sowie trotz der Nutzung systemischer Ansätze in moderneren Werken wird der Authentizitätsbegriff kaum in seiner dialogischen Entwicklung gesehen. Es wird vielmehr angenommen, eine isolierte Innenschau, eine Konzentration nur auf sich selbst, würde einen authentischen Kern des eigenen Selbst offenbaren. Das steht aber im Widerspruch zur Erkenntnis, dass Wünsche, Bedürfnisse und sogar Emotionen nur im Austausch mit anderen Menschen entstehen, sprachlich beeinflusst werden und damit keineswegs rein individuell zu betrachten sind. Die vermeintlich individuelle Authentizität ist stets dialogisch und damit auch gesellschaftlich entwickelt. Eine vorgesellschaftliche oder gesellschaftsunabhängige Authentizität, wie sie sich z.B. Rousseau vorstellte (z.B. in Rousseau 1997, 55), ist eine Illusion. Diese Illusion verführt dazu, die Menschen isoliert zu betrachten und die Bedeutung der Interaktion zu unterschätzen. Die Aufforderung »Sei du selbst!« mag gut gemeint sein, ignoriert aber die Interaktionsdynamik, die in gesprächsrhetorischen Ansätzen intensiv beschrieben wird. Das kann zu Problemen im Umgang mit Klient*innen führen, wie das Beispiel zeigt.

Praxisbeispiel

Schulsozialarbeiterin Susanne unterhält sich mit dem 16-jährigen Kay, dessen schulische Leistungen kurz vor dem Mittleren Schulabschluss deutlich abgesunken sind. Im Gespräch fragt Susanne ihn, was er später einmal werden möchte. Kay behauptet, er wolle Rechtsanwalt werden und in die Kanzlei seiner Mutter einsteigen. Hierauf fragt Susanne ihn, ob er das wirklich möchte oder ob das eher der Wunsch seiner Mutter sei. Sie möchte gerne wissen, was denn sein eigenes Anliegen ist.

Die Intervention von Susanne soll nicht kritisiert werden. Sollte Kay tatsächlich eine hohe Motivation haben, als Rechtsanwalt in der Kanzlei seiner Mutter zu arbeiten, steht der Leistungsabfall allerdings in einem gewissen Widerspruch zu diesem Wunsch und es ist legitim, hier kritisch nachzufragen. Die Nachfrage, was sein »eigenes Anliegen« sei, impliziert jedoch einen Wunsch von Kay, der unabhängig vom Wunsch der Mutter ist. Dabei wird möglicherweise übersehen, dass es vielleicht auch der Wunsch von Kay ist, seine Mutter zu erfreuen bzw. ihr mit der Weiterführung der Kanzlei seine Verbundenheit zu beweisen. Eine solche Motivation wird in einer individualistisch geprägten Gesellschaft gerne als fehlende Abgrenzung vom Elternteil diskreditiert, kann aber einem echten Anliegen nach Familienverbundenheit entspringen. Darüber hinaus könnte die Nachfrage Susannes von Kay so verstanden werden, dass sie den Berufswunsch von Kay in Frage stellt. Möchte Kay nun Susanne gefallen, wird er möglicherweise noch nach anderen Berufswünschen suchen, die Susanne in der Richtigkeit ihrer Ausgangsthese bestärken. Dabei wird dann übersehen, welchen Einfluss der Gesprächsverlauf auf den Berufswunsch von Kay hat und dass sein Berufswunsch dann keineswegs »authentisch« ist, sondern aus dem Gespräch mit Susanne entsteht.

Viele Ansätze der Gesprächsrhetorik betonen die Bedeutung der Interaktion. Bereits 1996 hat Kallmeyer in der Einleitung zu einem von ihm herausgegebenen Aufsatzband zur Gesprächsrhetorik deutlich gemacht:

> »Das individuelle Handeln ist prinzipiell abhängig von der Kooperation anderer. (…) Interaktion hat Prozesscharakter und beinhaltet grundsätzlich die Möglichkeit zu ›situationsemergenten‹ Entwicklungen.« (Kallmeyer 1996, 9)

Entscheidend ist, dass wir uns andauernd in Kommunikationsprozessen befinden, in denen sich Gefühle und Bedürfnisse, Ansichten und Meinungen erst entwickeln – sie »emergieren« und sind nicht in einem authentischen Persönlichkeitskern enthalten, der sich hinter gesellschaftlichen Rollenerwartungen verbirgt. Für die Soziale Arbeit bedeutet es, dass Klient*innen nicht einfach nur Bedürfnisse, Gefühle, Ansichten und Meinungen haben, die dann im Gespräch herausgearbeitet werden. Vielmehr entstehen viele Bedürfnisse, Gefühle, Ansichten und Meinungen erst im kommunikativen Austausch. Die Verantwortung der Sozialarbeiter*innen für den Kommunikationsprozess ist daher sehr groß.

Fortführung Praxisbeispiel

Im Fall von Susanne und Kay hätte Susanne ihre Frage natürlich stellen können und vermutlich auch sollen. Ihre Intervention sollte ja nicht kritisiert werden. Ihre zweite Frage nach seinem »eigenen« Anliegen ist allerdings etwas tendenziös und könnte Kay das Gefühl geben, er sei nicht ausreichend eigenständig, wenn er sich den mütterlichen Wunsch »zu eigen« macht. Sie sollte daher im Gesprächsverlauf Kay auch Brücken bauen, die es ihm ermöglichen, die soziale Abhängigkeit seines Wunsches zu artikulieren. Das kann dadurch geschehen, dass Susanne z. B. fragt: »Ist es Dir wichtig, mit Deiner Mutter zusammen zu arbeiten? Möchtest Du ihrem Anliegen nachkommen?« Auf diese Weise wird deutlich, dass das eigene Anliegen sehr wohl abhängig von den Wünschen anderer Menschen sein kann und (im Sinne der Gesprächsrhetorik) dialogisch konstruiert wird.

4.2 Die Bedeutung des Verstehens anderer Menschen

Andere Menschen zu verstehen, ist ein zentraler Aspekt für gelingende Soziale Arbeit. Hierbei geht es in der Regel darum, nicht nur (aber auch) die Sachebene einer Nachricht zu begreifen, sondern auch damit verbundene Gefühle, Motive, Wünsche etc. Allerdings wird das Verstehen teilweise unreflektiert zum Merkmal guter Gesprächsführung erhoben. Widulle übernimmt z. B. wie selbstverständlich, dass eine gute Gesprächsführung von Klarheit und Selbstklärung geprägt sei (Widulle 2012, 42) – Aspekte, die als Voraussetzung für ein gelingendes Verstehen betrachtet werden. Erfreulich differenziert ist hingegen Thiersch, der fragt, »ob es eigentlich gut ist, alles verstehen und verstehend transparent machen zu wollen, ob jedes Schuleschwänzen, jede Bosheit, jede Besonderheit, jede Abweichung im Geschmack verstanden werden müsse«

(Thiersch 1984, 15ff.). Er sieht auch den Aspekt der Macht, den die verstehende Person im Verstehensprozess ausübt (Thiersch 1984, 27ff.). Differenzierende Betrachtungen dieser Art sind allerdings selten. Insbesondere wird grundsätzlich übersehen, dass hier Fragestellungen behandelt werden, die in der Rhetorik bereits Tradition haben.

In der Rhetorik wird im Rahmen der guten Rede über »Verständlichkeit« (lat. perspicuitas) und im Rahmen der Hermeneutik über »Verstehen« geschrieben. Beide Aspekte gehören zusammen, denn in einem Fall geht es um das Verfassen der Nachricht und im anderen Fall um deren Auslegung. Die Verantwortung für eine gelingende Kommunikation liegt beim »Sender« in der Klarheit der Aussage und beim »Empfänger« in der Fähigkeit, diese situationsangemessen auszulegen. Auch in der Rhetorik werden die Klarheit der Gedanken und das Verstehen grundsätzlich gegenüber der Unklarheit (lat. obscuritas) oder Ambivalenz sowie dem fehlenden Verstehen bevorzugt. Trotzdem gibt es einige Diskussionen darum, wann ein Verstehen problematisch ist bzw. wann es wichtig sein kann, sich ambivalent oder unklar zu äußern. Das Verstehen anderer Menschen ist für die Soziale Arbeit bedeutsam. Allerdings gibt es einige Argumente, die verdeutlichen, weshalb eine einseitige Orientierung am Verstehen und an der Verständlichkeit problematisch sein kann.

4.2.1 Respekt vor einem Schutzbedürfnis der anderen Person

Blumenberg hat in seiner Reflexion über den Begriff »Undurchsichtigkeit« (Blumenberg 2016, 210ff.) deutlich gemacht, dass die meisten Menschen sich zu einem Zeitpunkt in ihrem Leben gewünscht haben, unsichtbar zu sein. Dieser in vielen Märchen und Geschichten behandelte Wunsch ist bislang nicht realisierbar. Als eine freilich sehr unvollkommene Annäherung an die Unsichtbarkeit kann der Mensch immerhin unverständlich sein. Die Unverständlichkeit schützt uns dann z.B. vor einer Festlegung, die wir nicht oder noch nicht vornehmen wollen.

Praxisbeispiel

In einer vom Jugendamt organisierten Familienberatung kommt das Thema der schlechten Schulnoten von Kai (15 Jahre alt) zur Sprache. Kai steht kurz vor dem Mittleren Schulabschluss (MSA) und konsumiert wohl mehrfach auch unter der Woche Haschisch. Der Vater von Kai macht ihm deshalb Vorwürfe, woraufhin Kai ihn fragt, ob er nicht auch einmal Drogen genommen habe.

Der Vater wird auf einmal sehr defensiv und beginnt, die Frage zu hinterfragen: »Was soll denn das jetzt? Es gibt viele Formen von Drogen – Du weißt selbst, dass ich gerne Kaffee trinke. Es geht ja eher darum, dass du deinen Schulabschluss nicht schaffst, wenn …«.
Kai unterbricht ihn und hakt nach: »Ja, aber hast du denn niemals illegale Drogen genommen? Du hast doch bestimmt einmal einen Joint geraucht.«
Vater: »Ich habe nie harte Drogen genommen.«
Kai: »Ich spreche auch nur von Gras. Hast Du das mal geraucht?«

Hier merkt man, dass der Vater ausweichend antwortet. Eine Vermutung wäre, dass er tatsächlich einmal Haschisch konsumiert hat und befürchtet, dass ihm dieses Geständnis moralisch die Möglichkeit entzieht, ein Haschischverbot durchzusetzen. Die Nachfragen von Kai sind für ihn daher sehr unangenehm. Unabhängig von der Frage, ob seine Sorgen pädagogisch berechtigt sind oder nicht, sollte die Gesprächsatmosphäre entspannt und der Vater aus dem Verhör durch den Sohn entlassen werden. Die gesprächsführende Sozialarbeiterin könnte z. B. sagen: »Kai, ich verstehe, dass du an der Jugend deines Vaters Interesse hast. Unabhängig davon, ob und wann er mal Haschisch geraucht haben sollte, geht es hier um dich und deine Zukunft. Entscheidend ist, ob dich das Rauchen davon abhält, den Mittleren Schulabschluss zu schaffen, und dir dadurch viele Optionen für dein Leben verbaut.« Damit respektiert sie das Schutzbedürfnis des Vaters und könnte ggfls. zu einem späteren Zeitpunkt in einem Einzelgespräch mit ihm überlegen, ob mehr Offenheit über eigene Jugendsünden pädagogisch sinnvoller sein könnte. Sie versteht damit sein Schutzbedürfnis vor einer Festlegung durch seinen Sohn und »verhindert«, dass Kai seinen Vater hinsichtlich seines früheren Haschischkonsums festlegt. Es bleibt unklar, ob der Vater Haschisch geraucht hat oder nicht.

Ein »Verstehen« anderer Menschen kann von diesen dann als eine »Festlegung« verstanden werden, die ihnen nicht entspricht bzw. mit der sie sich (noch) nicht identifizieren können.

Was Thiersch (1984, 27 ff.) unter dem Aspekt der Macht behandelt hat, ist ein grundsätzliches Problem: Andere Menschen zu verstehen bedeutet auch immer, sie in Kategorien einzuordnen, die ein Verstehen ermöglichen. Es impliziert, andere Menschen zu kennen, was auch bedeutet, sie den eigenen Kategorien einzuverleiben. Schließlich lernen wir nur vor dem Hintergrund unseres persönlichen Erfahrungshorizontes und es ist verständlich, wenn sich andere Menschen dagegen wehren, einverleibt zu werden. Dieser Punkt wurde z. B. in der hermeneutischen Debatte zwischen Gadamer und Derrida diskutiert – eine Debatte, die in Forget (1984) wiedergegeben wird und zu der Forget (1984, 15) schreibt:

> »Auf jeden Fall wird auch hier deutlich, wie der gute Wille, den anderen zu verstehen, an dem (es; A. R.) Gadamer sicherlich nicht fehlt, immer wieder der Versuchung anheimzufallen bedroht ist, den anderen auf die eigene Position festzulegen und die Scheinverständigung, die daraus entsteht, zum eigentlichen Verständigungsgrund zu machen (...).«

Praxisbeispiel

Herbert, 39 Jahre alt, befindet sich in einer schweren Lebenskrise, nachdem seine zehnjährige Tochter und seine Frau bei einem Autounfall ums Leben kamen. Er entwickelte eine Depression, die es ihm nicht mehr ermöglichte, zur Arbeit zu gehen oder angemessen für sich zu sorgen. Er befindet sich daher in ambulanter Pflege und wird u. a. vom Sozialarbeiter Anton betreut. Anton hört sich sein Schicksal empathisch an und behauptet im Anschluss: »Mein ganz herzliches Beileid. Ich kann gut verstehen, wie schlimm sich der Verlust für Sie anfühlen muss.« Als Herbert erwidert, Anton könne das bestimmt nicht verstehen, setzt Anton nach: »Doch, ich denke schon. Meine Tochter ist als Achtjährige an Leukämie verstorben und daher kann ich den Verlust gut nachvollziehen.«

Antons Versuche, Herbert zu verstehen, gehen am Bedürfnis von Herbert vorbei. Eine schlichte Beileidsbekundung, ein Zuhören und das Aushalten einer Situation, die von Schmerz und auch fehlendem Verstehen geprägt sein darf, wären hier angebrachter. Wenn Anton eigene Erfahrungen einbringt, mag das im Sinne von »Geteiltes Leid ist halbes Leid« sinnvoll sein – es kann auch bei Herbert Interesse wecken, wie Anton mit seinem Schmerz umgegangen ist und zurück ins Leben gefunden hat. Problematisch ist es aber, wenn Anton meint, aufgrund von seiner Erfahrung das Leid von Herbert *verstehen* zu können. Selbst wenn Anton genau wie Herbert Tochter und Frau in einem Autounfall verloren hätte, hatte er eine individuelle Beziehung zu ihnen und hat ihren Verlust deshalb anders erlebt als Herbert. Im Versuch, ein Verstehen zu verdeutlichen, wird die Erfahrung von Herbert einfach auf die Erfahrung von Anton übertragen und durch eine gewisse Gleichsetzung nahezu banalisiert. Herbert möchte sich aber »sein« Leid erhalten und nicht unterstellt bekommen, es wäre mit anderen Erfahrungen gleichzusetzen.

Gut zu merken

Persönliche Erfahrungen können helfen, sich in andere Menschen hineinzuversetzen. Sie können das Verstehen anderer Menschen aber auch behindern, wenn man die eigene Erfahrung schlicht auf die andere Person überträgt. Daher kann eine persönliche Erfahrung die professionelle Beziehung zu anderen Menschen nicht nur fördern, sondern auch beeinträchtigen.

4.2.2 Unklarheit als Stilmittel

Nicht immer geht es um das Schutzbedürfnis der anderen Person, die etwas verbergen oder sich nicht einnehmen lassen möchte. Ebenso kann die andere Person mit einer bewusst genutzten Doppeldeutigkeit die Bedeutung einer Aussage betonen, eine gewünschte Ambivalenz erzeugen oder gar für ein Verständnis auf einer anderen Ebene sorgen. Uneindeutigkeiten und Unklarheiten sind nämlich keineswegs stets zu vermeiden. Sie bereichern auch unser Leben. Die kindliche Vorfreude auf den eigenen Geburtstag lebt davon, noch nicht genau zu wissen, was einen erwartet; der Flirt spielt mit doppelten Botschaften und gewinnt seinen Reiz durch Andeutungen und Unverbindlichkeit – nicht durch Klarheit. Dies soll im Einzelnen erläutert werden:

Betonung einer Aussage (Emphase)

Zeigarnik, eine Psychologin aus dem Bereich der Gestaltpsychologie, hat in einigen Experimenten deutlich gemacht, dass unerledigte Aufgaben besser in Erinnerung bleiben als erledigte (Zeigarnik 1997). Schnelle Antworten, klare Aussagen können das Nachdenken hemmen, wie schon Augustinus wusste, der bereits Anfang des 5. Jahrhunderts die Existenz schwer interpretierbarer Bibelstellen folgendermaßen erklärte:

> »Ich bezweifle nicht, dass das Ganze von Gott vorgesehen ist, um den menschlichen Hochmut durch Beschwernis zu bändigen und den Verstand vor Langeweile zu bewahren, für den leicht Aufgespürtes meist an Wertschätzung verliert.« (Augustinus 2002, 2. Buch VI.7.10.).

Praxisbeispiel

Janis, 16 Jahre alt, hält vor seinem Bewährungshelfer einen längeren Monolog, in dem er über seine Lehrerinnen und Lehrer, seine Mitschülerinnen und Mitschüler, seine Eltern und einige Nachbarn meckert, weil diese ihm gegenüber so voreingenommen und unfreundlich seien. Der Bewährungshelfer hört sich das an und sagt am Ende lediglich: »Kann ich Dir mal einen Witz zur Aufheiterung erzählen? Da fährt ein Mann auf der Autobahn und hört die Warnung vor einem Geisterfahrer. Dabei denkt er sich: ›Nur ein Geisterfahrer? Es sind doch Hunderte!‹«

Janis lacht, woraufhin der Bewährungshelfer meint, der Witz hätte vielleicht auch etwas mit Janis zu tun. Janis versteht es nicht, weil er kein Auto fährt, aber der Zusammenhang zwischen Witz und Janis wird vom Bewährungshelfer nicht aufgeklärt. Vielmehr verabschiedet er sich mit den Worten: »Es würde mich freuen, wenn Du einmal darüber nachdenkst. Wir können es beim nächsten Mal besprechen.«

Auf diese Weise erreicht der Bewährungshelfer, dass Janis interessiert bleibt, eigene Schlüsse zieht und nicht »belehrt« werden muss. Der Witz erhält dadurch mehr Bedeutung und bleibt besser in Erinnerung.

Erzeugung einer Ambivalenz

Das Spiel auf verschiedenen Ebenen, die Unklarheit und Doppeldeutigkeit, die Interpretationsoffenheit sind Kennzeichen des kreativen Sprachgebrauchs, der Kunst, des Witzes und des Stils. Die Ambivalenz entlastet davor, sich festlegen zu müssen oder belehrt zu werden. Auf diese Weise können Andeutungen gemacht werden, ohne die Beziehungsebene zu gefährden.

Praxisbeispiel

Aischa leidet unter einer fehlenden Impulskontrolle und wird schnell aggressiv. Daher hat sie schon öfter Probleme mit der Polizei gehabt (Beleidigung, Körperverletzung, Widerstand gegen Vollzugsbeamte etc.). Die Sozialarbeiterin Susanne kennt Aischa schon seit einiger Zeit und versucht, sie dazu zu bewegen, sich zu verändern. Aischa antwortet daraufhin nur »Was soll ich machen? Ich bin halt, wie ich bin!«

Anstelle eines Widerspruchs entscheidet sich Susanne dazu, den Punkt aufzunehmen: »Das ist zweifellos richtig. Ich bin übrigens auch wie ich bin. Allerdings bin ich nicht, wie ich war, und vermutlich auch nicht, wie ich werde. Wie wirst Du denn, wenn Du wirst?«
Daraufhin antwortet Aischa: »Keine Ahnung, das wird die Zukunft zeigen.«
Auch das wird von Susanne bestätigt: »Ja, das wird die Zukunft zeigen.«

In dieser kurzen Sequenz, die eher witzig als semantisch korrekt formuliert ist (»Wie wirst Du denn, wenn Du wirst« ist letztlich semantisch kaum zu verstehen – trotzdem kann man sich in dem Zusammenhang denken, das gemeint ist: »Wie wirst Du in Zukunft sein wollen?«), hat es Susanne geschafft, Aischas fatalistische Aussage zu relativieren. Das wäre ihr mit einer direkten Konfrontation sicherlich nicht gelungen.

Verständnis auf einer anderen Ebene

Wenn frisch Verliebte am Strand einen Sonnenuntergang betrachten und die eine Person der anderen die Hand streichelt und mit verträumter Stimme fragt: »Spürst Du es auch?«, dann wäre die Nachfrage, was genau mit »es« gemeint sei, schlicht unromantisch. Vielmehr wird erwartet, dass man einfach bestätigt, »es« ebenfalls zu spüren. Das wirkt zwar wie ein Scheinkonsens, ist aber deutlich mehr. Auch wenn jede Person etwas anderes fühlen mag, ist die Wahrscheinlichkeit groß, dass beide eine Verbundenheit, Glück, Vertrautheit und vielleicht sogar Geborgenheit verspüren. Zwar tut das jede Person auf ihre Art, doch ist das in dieser Situation nicht wichtig. Einig sind sich beide, dass sie glücklich sind und dieses Glück empfinden, weil die andere Person bei ihnen ist. Die Suche nach Definitionen für das Nichtdefinierbare würde kein besseres Verstehen ermöglichen, sondern die Romantik zerstören und das Verstehen auf anderer Ebene riskieren. Nicht nur im romantischen Beisammensein, auch in Konflikten kann ein Verstehen auf anderer Ebene helfen. Stilmittel wie die Litotes – die Verneinung des Gegenteils – können gerade aufgrund ihrer Ambivalenz eine Einigung ermöglichen, die tragfähig bleibt, ohne zu einer gänzlichen Klärung gelangt zu sein. Dies wird am folgenden Beispiel deutlich:

Praxisbeispiel

Christina erwartet von ihrer Mitarbeiterin Edda, einige Botengänge auszuführen. Als Edda dies mit dem Hinweis auf Schmerzen im Kniegelenk verweigert, antwortet Christina nur, Edda könne ja einen Rollstuhl nutzen. Diese Aussage führte zu einer tiefen Verwerfung. Im Rahmen einer Mediation konnte geklärt werden, dass Edda tatsächlich in einigen Jahren nicht mehr Laufen kann. Daher ist es für sie schwer, jetzt schon den Vorschlag zu erhalten, einen Rollstuhl zu nutzen. Christina wusste nichts von dem Leiden Eddas und bedauert ihre

Aussage. Allerdings weist sie auch darauf hin, dass sie nichts dabei findet, auf Hilfsmittel zu verweisen, wenn diese benötigt werden. Können sich beide auf eine gemeinsame Bewertung der Aussage von Christina einigen? Eine Einigung hätte den Vorteil, dass beide Konfliktparteien die Vergangenheit besser abschließen können. Die Bewertung »Die Aussage war eine grobe Grenzverletzung!« würde zwar Edda, aber sicher nicht Christina akzeptieren. Die Bewertung »Die Aussage war ein bloßer Hinweis auf Hilfsmittel!« würde wiederum nicht von Edda akzeptiert. Hier kann folgende Formulierung helfen: »Die Aussage war nicht die Glücklichste!« Darauf können sich vermutlich beide einigen. Für Christina ist die Aussage nicht die Glücklichste, weil es vermutlich »noch« bessere Formulierungen gäbe angesichts der ihr nicht bekannten Erkrankung von Edda – sie bleibt aber eine Aussage, die im Rahmen des Vertretbaren bleibt. Für Edda hingegen bedeutet die Aussage einen ironischen Euphemismus, der letztlich aussagt, dass sie gänzlich nicht in Ordnung war. Beide finden sich in der Formulierung wieder, auch wenn sie diese unterschiedlich interpretieren. Das wirkt zunächst wie ein fauler Kompromiss, kann beiden jedoch die Möglichkeit geben, nach vorne zu blicken. Entscheidend ist, dass Christina in Zukunft eine solche Aussage nicht mehr trifft – und das wird sie auch dann nicht tun, wenn ihre Aussage lediglich »nicht die Glücklichste« war.

Reflexionsfragen

- Wann haben Sie das Gefühl, einen anderen Menschen zu verstehen? Wann fühlen Sie sich verstanden? Wonach können Sie bemessen, ob es zu einer Verständigung kam?
- Was bedeutet für Sie Authentizität, wenn Sie als Sozialarbeiter*in tätig sind? Wie vereinbaren Sie Rollenvorgaben und persönliche Einstellungen?
- Was sind für Sie »Grundannahmen« in der Sozialen Arbeit?

Weiterführende Literatur

Kallmeyer, Werner (Hrsg.) (1996): Gesprächsrhetorik. Tübingen: Gunter Narr.

Rafi, Anusheh (2021): Schleiermachers Hermeneutik: »...die Rede zuerst ebensogut und dann besser zu verstehen als ihr Urheber.« In: Anusheh Rafi, Karsten Laudien, Robert Wunsch, Christopher Zarnow (Hrsg.): Impuls Schleiermacher (S. 91–108). Berlin: EB-Verlag.

Thiersch, Hans (1984): Verstehen oder Kolonialisieren? In: Siegfried Müller, Hans-Uwe Otto (Hrsg.): Verstehen oder Kolonialisieren? (S. 15–30). Bielefeld: Kleine.

5 Ausgewählte Modelle und Techniken – rhetorisch betrachtet

☞ Überblick

In diesem Kapitel werden unterschiedliche Kommunikationsmodelle und -techniken rhetorisch betrachtet. Das wird mit einer unterschiedlichen Intention erfolgen: Teilweise wird deutlich, dass die Modelle und Techniken bereits in der rhetorischen Tradition beschrieben und nur für die moderne psychosoziale Beratungsliteratur »wiederentdeckt« wurden, ohne sich der Tradition bewusst zu sein. Teilweise wird deutlich, dass die Rhetorik ein differenzierteres Verständnis der Modelle oder Techniken ermöglicht. Schließlich kann es auch schlicht darum gehen, das Vokabular der Rhetorik zu nutzen, um andere Kommunikationsmodelle zu beschreiben, sodass man mit sich durch neue Stichwörter den Einstieg zu vertiefender Literatur erschließen kann. Diese bunte Mischung eint das Hauptanliegen des Buches: das Interesse an der Rhetorik zu wecken und ihren Nutzen für die Soziale Arbeit zu sehen. Die einzelnen Abschnitte dieses Kapitels sind in sich abgeschlossen und müssen nicht chronologisch gelesen werden. Es bietet sich an, zu dem Modell oder der Technik zu springen, die einen am meisten interessiert.

5.1 Vier Seiten einer Nachricht

Dass in der Kommunikation nicht nur Sachinhalte ausgetauscht, sondern auch Beziehungen definiert werden, hatten schon Watzlawick, Beavin und Jackson (1996, 53 ff.) Ende der 1960er Jahre betont. Schulz von Thun wiederum publizierte dann Anfang der 1980er Jahre sein Modell der »vier Seiten einer Nachricht« und betonte neben dem Sachinhalt und der Beziehungsdefinition auch die Selbstkundgabe (früher noch als »Selbstoffenbarung« bezeichnet) der sendenden Person und den Appell an die empfangende Person (Schulz von Thun 1981). Die vier Seiten sollen verdeutlichen, dass jeder Inhalt immer in einer Form kommuniziert wird, die das Verhältnis zu den anderen Personen ausdrückt, etwas von der sendenden Person preisgibt und etwas bei der empfangenden Person bewirken möchte. Da mit dem Modell viele Kommunikationsprobleme beschrieben werden können, ist es sehr populär geworden. Schulz von Thun selbst gibt an, zu dem Modell durch Bühler inspiriert worden zu sein (Schulz von Thun 1981, 14), der in seiner 1934 zuerst veröffentlichten Sprachtheorie drei Ebenen der Kommunikation unterschied und ein Zeichen ins Verhältnis zum Gegenstand (das wäre tendenziell die Sachebene), zum Sender (das wäre tendenziell die Selbstkundgabe) und zum Empfänger (das wäre tendenziell der Appell) setzte (Bühler 1999, 28 f.). Schulz von Thun hätte dann vor allem den Beziehungsaspekt ergänzt, den vor ihm schon Watzlawick, Beavin und Jackson herausgearbeitet hatten (s. o.). Das Modell von Schulz von Thun ist vermutlich auch deshalb so erfolgreich, weil die vier Ebenen einer Nachricht einleuchtend erscheinen – so einleuchtend, dass man sich fragt, warum nicht schon früher jemand auf diese Unterscheidung gekommen ist. Geht man noch etwas vor Bühler zurück, wird man feststellen, dass bereits im Jahr 1929 der damalige Dozent für Englisch und Moral Sciences und späterer Harvard Professor Ivor Armstrong Richards fast das identische Modell entwickelt hatte (zu seinem Leben siehe Holocher 1996, 19). Er unterschied vier Arten der Bedeutung, die letztlich den vier Seiten einer Nachricht von Schulz von Thun entsprechen: Sinn (sense), Gefühl (feeling), Ton (tone) und Intention (intention) (Richards 1964, 181; Übers. von A. R.).

Zum Sinn schreibt er: »Wir sprechen, *um etwas zu sagen*, und wenn wir zuhören, erwarten wir, dass *etwas gesagt wird.* Wir nutzen Worte, um die Aufmerksamkeit unserer Zuhörer auf eine Sachlage aufmerksam zu machen …« (Richards 1964, 181). Hier gibt es Parallelen zur »Sachinformation« bei Schulz von Thun. Schulz von Thun weist allerdings zu Recht darauf hin, dass seine Sachinformation deutlich eingeschränkter zu verstehen ist als der »Sinn« bei Richards, denn letztlich ist es ja auch möglich, hinsichtlich der »Sachlage« auf einen Beziehungsaspekt hinzudeuten, der dann die Beziehungsebene betrifft. Der Sinn ist bei Schulz von Thun daher ein Zusammenspiel aller Ebenen (berichtet in einer persönlichen E-Mail).

Beim Gefühl betont Richards, dass wir immer Gefühle zu dem Sachinhalt haben, den wir transportieren – ob es uns bewusst ist oder nicht. Diese Gefühle sind nicht ganz identisch mit dem, was Schulz von Thun bei der Selbstkundgabe betrachtet, weil Schulz von Thun die Selbstkundgabe weiter fasst als über die Gefühle zum Sachinhalt. Es können auch ganz andere Gefühle wie ein Unwohlsein, Zeitdruck, Spaß am Vortrag etc. mitschwingen, die nicht direkt auf die Sachinformation bezogen sind. Daher geht Schulz von Thun auch davon aus, die Selbstkundgabe sei stets Teil der Nachricht, während Richards glaubt, bei mathematischen Aussagen seien möglicherweise keine Gefühle vorhanden. Trotzdem ist in seiner Gefühlsebene die Selbstkundgabe zumindest angelegt.

Der Ton beschreibt bei Richards die Beziehung zu den anderen Menschen und entspricht ziemlich genau der Beziehungsebene bei Schulz von Thun:

> »Des Weiteren hat der Sprecher gewöhnlich *eine Einstellung zu seinen Zuhörern.* Er wählt oder arrangiert seine Worte unterschiedlich hinsichtlich eines veränderten Publikums, in unbewusster oder bewusster *Anerkennung seiner Beziehung zu ihm.* Der Ton seiner Äußerungen reflektiert das Bewusstsein über diese Beziehung, sein Verständnis darüber, wie er zum Publikum steht.« (Richards 1964, 182)

Die Intention schließlich entspricht dem Appell von Schulz von Thun, denn er macht damit deutlich, dass wir einen Zweck verfolgen, wenn wir eine andere Person ansprechen:

> »Gewöhnlich spricht er zu einem Zweck und dieser Zweck beeinflusst seine Rede. Das Verstehen des Zwecks ist Teil der Erfassung der Bedeutung der Rede. Erst wenn wir wissen, was er bezweckt, können wir das Maß seines Erfolges bemessen.« (Richards 1964, 182)

Wären die rhetorischen Arbeiten von Richards auch in Literatur zur Kommunikationstheorie berücksichtigt worden, hätte sich Schulz von Thun viel Arbeit erspart.

5.2 Offene und geschlossene Fragen

Handelt es sich bei der Frage »Wie alt bist Du?« um eine geschlossene Frage? Die Unterscheidung zwischen offenen und geschlossenen Fragen ist verglichen mit ihrer Bedeutung in der Gesprächsführung erstaunlich wenig differenziert. Dabei konkurrieren zwei Definitionen für geschlossene Fragen, die in ihrer Zielrichtung sehr verschieden sind. Deshalb sollte die jeweilige Definition mit Bedacht gewählt werden. Widulle (2012, 105) behauptet beispielsweise ohne weitere Begründung, dass geschlossene Fragen nur mit »Ja« oder »Nein« beantwortet werden könnten. Dann wäre die Einstiegsfrage keine geschlossene Frage, weil sie mit einer Altersangabe zu beantworten ist. In der empirischen Sozialforschung (z.B. Diekmann 2009, 477; Friedrichs 1980, 199) werden hingegen auch solche Fragen als »geschlossen« angesehen, die Antwortkategorien enthalten (wie z.B. »Welcher der folgenden vier Gründe war für Ihre Entscheidung ausschlaggebend?«). Da in diesen Fällen nicht nur mit »Ja« oder »Nein« geantwortet werden kann, geht es bei dieser Form der Fragestellung eher darum, die Antwortmöglichkeiten einzuschränken und im Falle der empirischen Sozialforschung eine Vergleichbarkeit und Auswertbarkeit der Antworten zu ermöglichen. Im Falle der Gesprächsführung geht es hingegen eher darum, die Führung zu bewahren und schnell die für einen wesentlichen Informationen zu erhalten.

In der Literatur zu offenen und geschlossenen Fragen wird unterschätzt, wie wesentlich sich »Ja/Nein«-Fragen von anderen Fragen unterscheiden, die nur mit einem Wort beantwortet werden können (wie z. B. die Einstiegsfrage). Der Unterschied wird deutlich, wenn man sich die Bedeutung der Proposition vor Augen führt, wie sie Searl (1969, 29 ff.) eingeführt hat. Mit der Proposition meint Searl eine Aussage, die unabhängig von der konkreten Form in einem Sprechakt enthalten ist. So beinhalten die Sätze »Karl schaut viel fern!« und »Schaut Karl viel fern?« die gleiche Proposition (»viel Fernsehen durch Karl«), obwohl es sich im ersten Fall um eine Feststellung und im zweiten Fall um eine Frage handelt. Die Frage »Schaut Karl viel fern?« kann mit »Ja« oder »Nein« beantwortet werden, weil sie eine vollständige Proposition enthält. Die Frage »Wie viel fern schaut Karl am Tag?« enthält keine vollständige Proposition, da noch keine Wertung bzw. Annahme über die Quantität des Fernsehens enthalten ist (wohl aber darüber, dass Karl überhaupt fernsieht und offenbar täglich auch in etwa gleich viel).

Eine »Ja/Nein«-Frage enthält stets eine vollständige Proposition und damit auch eine gewisse Unterstellung, die in der Kommunikation zu großen Problemen führen kann. Die Frage »Bist Du zwölf Jahre alt?« impliziert, dass dies eine realistische Alterseinschätzung für die gefragte Person ist. Entsprechend wird man mit Verärgerung rechnen müssen, wenn sie bereits 14 Jahre alt ist und eher älter geschätzt werden möchte. Unvollständig wäre die Proposition bei der Frage »Wie alt bist Du?«, weil zwar unterstellt wird, dass man zu einem Lebewesen mit einem gewissen Alter spricht, aber noch kein konkretes Alter nennt. Diese Frage ist unverfänglicher, kann aber auch nicht mit »ja« oder »nein« beantwortet werden. Wie man an Fragespielen erleben kann, in denen nur mit »Ja« oder »Nein« geantwortet wird, ist es mitunter sehr schwierig, Sachverhalte zu ermitteln, da man seinen eigenen Propositionen zum Opfer fällt.

Praxisbeispiel

Sozialarbeiter und Bewährungshelfer Manfred hat dem 17-jährigen Tim eine Ausbildungsstelle organisiert und fragt nach dessen Befinden:
Manfred: »Bist Du mit der Ausbildungsstelle zufrieden?«
Tim: »Ja.«
Manfred: »Das heißt, Du wirst hier weiter arbeiten?«
Tim: »Ja.«

Manfred: »Sehr schön. Ich freue mich, dass wir das Richtige für Dich gefunden haben!«

Eine Woche später kündigt Tim die Ausbildung. Manfred ist verwundert, weil Tim doch scheinbar so zufrieden war. Das hängt aber schon mit den in den Aussagen enthaltenen Propositionen zusammen, denen Tim aktiv widersprechen müsste, um Manfred sein Befinden verständlich zu machen. Das Widersprechen erfordert Reflexion, Kraft und Mut. Tim hat den geringsten Widerstand geleistet. Er hätte sicherlich auch auf die geschlossene Frage differenzierter antworten können. Das geschieht aber nicht so selbstverständlich wie bei offenen Fragen. Das Gespräch würde mit offenen Fragen daher eher anders verlaufen:

Manfred: »Wie geht es Dir in der Ausbildung?«
Tim: »Ist o.k.!«
Manfred: »Begeistert klingst Du ja nicht gerade? Läuft irgendetwas nicht so gut?«
Tim: »Nee, ist alles o.k. Die Chefin ist ganz nett und die Kollegen sind auch in Ordnung.«
Manfred: »Aber irgendetwas stört Dich doch?«
Tim: »Naja, ich weiß nicht, ob ich wirklich im Hotel arbeiten möchte.«
Manfred: »Wie kommt das?«
Tim: »Wir müssen immer scheiß freundlich zu allen sein, aber die Hotelgäste benehmen sich teilweise unmöglich.«
Manfred: »Ja, das kommt immer mal wieder vor. Aber gibt es etwas, dass Dir besser gefallen würde? Mit unmöglichen Menschen kannst Du immer in Kontakt kommen.«
Tim: »Als Tischler könnte ich für mich arbeiten und hätte viel weniger Kontakt zu den Kunden.«

Fallen unter geschlossene Fragen hingegen auch Fragen, die keine vollständige Proposition enthalten, sondern schlicht nur kurz beantwortet werden können (wie z. B. »Wie alt bist Du?«, »Wo wohnen Sie?«, »Wie ist Ihr Name?«, »Seit wann leben Sie in Deutschland?«), geht es bei der Abgrenzung zu offenen Fragen weniger um die Gefahr, etwas zu unterstellen, sondern eher um die Frage der Gesprächskontrolle und der Orientierung, die man der anderen Seite bietet – Orientierung in dem Sinne, dass die fragende Person das Gespräch sehr direktiv führt und eine klare Struktur vorgibt. Die Orientierung entlastet die antwortende Person davon, eigene Gesprächsimpulse setzten zu müssen. Je offener die Fragen, desto weniger Kontrolle hat man über die Antwort. Dafür bietet man allerdings auch Orientierung im Gespräch.

Praxisbeispiel

Die Jugendamtsmitarbeiterin Claudia erhält einen aufgeregten Anruf von Tom, dem Vater eines drei Monate alten Säuglings. Der Vater ist kurz im Morgenmantel vor die Tür getreten, weil er sich einen besseren Handyempfang für sein Telefonat erhoffte, als die Tür zufiel und ihn aussperrte. Jetzt hört der Vater das schreiende Kind und kommt nicht in die Wohnung. Allein schon der Anruf beim Jugendamt zeigt, dass der Vater offenbar derart aufgeregt ist, dass es ihm schwerfällt, ein zielgerichtetes Vorgehen zu planen. Daher wären hier geschlossene Fragen hilfreich: »Hat eine andere Person einen Zweitschlüssel?«, »Ist ein Schlüsseldienst in der Nähe?«, »Kann das Kind Sie hören und können Sie beruhigend zum Kind sprechen?«.

Sofern es Claudia möglich sein sollte, könnte sie anbieten: »Ich werde jetzt einen Schlüsselnotdienst heraussuchen und bitten, sich bei Ihnen unter der Nummer, von der Sie angerufen haben, zu melden. In der Zwischenzeit bitte ich Sie, sich zu beruhigen und schlicht mit ihrem Kind zu sprechen, damit es Ihre Stimme hört.«

Zur Unterscheidung der unterschiedlichen Definitionen von geschlossenen Fragen siehe auch Rafi 2022.

Gut zu merken

Mit Fragen, die nur mit »Ja« oder »Nein« beantwortet werden können, steuere ich den Gesprächsinhalt mehr als mit Fragen, die mit einem anderen Wort (z. B. dem Alter, dem Namen, einem Ort etc.) beantwortet werden können. Letztere animieren zwar ebenfalls nicht zu einer langen Antwort, bieten aber differenziertere Antwortmöglichkeiten. Daher haben sie weniger suggestive Kraft als die sogenannten »Ja/Nein«-Fragen. Offene Fragen sind dann vorzuziehen, wenn man das Gespräch möglichst wenig steuern und der antwortenden Person eine möglichst freie Antwort ermöglichen möchte.

5.3 Konfliktverständnis

Soziale Konflikte, also Konflikte zwischen mindestens zwei Personen (im Gegensatz zu inneren Konflikten), sind ein wichtiger Bestandteil des gesellschaftlichen Zusammenlebens. Insbesondere in Notsituationen können Konflikte ausbrechen, weshalb ein konstruktiver Umgang mit ihnen im Rahmen der Sozialen Arbeit bedeutsam ist. Während Konflikte als solche meist erst wahrgenommen werden, wenn sie negative Auswirkungen haben (Buck 2022), wird spätestens zu Beginn des 20. Jahrhunderts darauf hingewiesen, dass Konflikte eine positive Funktion ausfüllen und letztlich die Diversität von möglichen Sichtweisen und Meinungen veranschaulichen (z. B. Follett 2013, 5 ff.). Hier wird übersehen, dass schon in der Antike unter verschiedenen Begrifflichkeiten die Diversität von Anschauungen und Meinungen diskutiert wurde. Der schwer übersetzbare Begriff »Antilogos« hat einen Bedeutungskontext, der von »Gegenrede« zu »Widerspruch« und »Meinungsverschiedenheit« reicht (Schiappa 1992). Er wird insbesondere von einigen Vertretern der Sophistik genutzt und von Gegnern der Sophistik kritisiert, weil das Spiel mit verschiedenen Ansichten nicht der Wahrheit förderlich sei. Diese Kritik ist jedoch unzutreffend. Das Spiel mit verschiedenen Ansichten trainiert die Fähigkeit zum Perspektivwechsel. Auch handelte es sich nicht lediglich um ein »Spiel«, sondern um die Erkenntnis, dass es in vielen Situationen nicht nur eine legitime Sichtweise gibt. Jede Streitfrage, die in der Antike auch als »causa« bezeichnet wurde, impliziert die Möglichkeit einer anderen Betrachtungsweise – sonst wäre der Streit vermutlich gar nicht aufgekommen. Man könnte sogar behaupten, erst die unterschiedlichen Sichtweisen konstruieren die »causa«, so wie zwei unterschiedliche sich treffende Linien einen Punkt konstruieren (siehe z. B. Hetzel 2011, 131). Jede einzelne Sicht hebt in der Regel nur einen Teilaspekt des Streitpunkts hervor, weshalb andere Sichtweisen wichtig sind, um dessen Komplexität gerecht zu werden. Anders gewendet kann man auch hervorheben, dass jede Meinungsverschiedenheit (bzw. jeder Streit) im konkreten Streitpunkt (bzw. der Streitfrage oder der »causa«) einen gemeinsamen Bezug hat (siehe Coenen 2003, Sp. 653 f.). Mitte des 18. Jahrhunderts war es der Theologe und Rhetoriker Johann Martin Chladni (bekannt unter seiner Selbstbezeichnung »Chladenius«), der mit seinem Begriff »Sehe-Punkt« deutlich gemacht hat, Menschen könnten das Leben und die Geschichte immer nur von ihrem Standpunkt aus betrachten (siehe z. B. Chladenius 1969, § 309 f.). Er verbindet somit die Existenz von Meinungsverschiedenheiten mit der Einseitigkeit der individuellen Perspektive. Das ist ein wichtiger Schritt zur Entwicklung der Fähigkeit zum Perspektivwechsel – einer für die Soziale Arbeit zentralen Fähigkeit.

Das im Hinblick auf Streitfragen in der Rhetorik entfaltete Konfliktverständnis enthält viele Ansatzpunkte, die für eine moderne Konfliktklärung hilfreich sein können. Das soll das folgende Beispiel verdeutlichen.

Praxisbeispiel

Martin und Friederike sind die Eltern der Zwillinge Kai und Karl (vier Jahre alt). Sie sind sehr zerstritten hinsichtlich der gemeinsamen Erziehung. Martin wirft Friederike vor, sie habe mehrfach das Spiel von ihm mit den Kindern rüde unterbrochen und insbesondere auch Martin vor den Kindern zurechtgewiesen, was seine Erziehungsautorität untergrabe. Friederike hingegen wirft Martin vor, zu lange mit den Kindern zu spielen und keine klaren Zeiten einzuhalten, zu denen die Kinder ins Bett gehen sollen. Auf diese Weise müsse sie stets die Rolle der »Bösen« spielen und das Spiel unterbrechen. Martin erwidert, ein gutes Spiel sei wichtiger als starre Zeiten und er wolle das Spiel ja auch zeitnah beenden. Das wiederum glaubt ihm Friederike nicht, der eine klare Struktur für die Kinder wichtig ist. Was könnte nun die

Jugendamtsmitarbeiterin Stephanie aus den vorher beschriebenen Aspekten für eine Konfliktberatung der Eltern nutzen?

Der unterschiedliche »Sehe-Punkt« kann beiden Konfliktparteien deutlich machen, dass sie einen berechtigten, aber eben auch einseitigen Blick auf das Konfliktgeschehen haben: Martin sieht den Spaß mit den Kindern und die Unterbrechung durch eine verärgerte Friederike. Friederike sieht aufgedrehte Kinder, die nicht lernen, dass eine bestimmte Abendzeit nicht überschritten wird, damit sie am nächsten Tag ausgeschlafen in der Kita sind.

Der Streitpunkt besteht im gemeinsamen Anliegen der Klärung, wie flexibel man mit der vereinbarten Bettgehzeit umgehen sollte. Ferner könnte man als einen gemeinsamen Bezugspunkt auch herausstellen, dass beiden Konfliktparteien das Wohl der Kinder am Herzen liegt.

Die Konfliktlinien entstehen darin, dass Friederike offenbar die von Martin sich herausgenommene Flexibilität hinsichtlich der Bettgehzeit nicht akzeptiert, weil sie befürchtet, die Kinder würden dadurch zu wenig Struktur (und letztlich zu wenig Schlaf) bekommen. Martin wiederum akzeptiert den Abbruch eines guten Spiels nicht, welches er notwendig findet für eine gute Beziehungsarbeit. Das Wissen, dass jeder Streitpunkt durch unterschiedliche Meinungen zustande kommt, die eine gewisse Legitimität haben, kann Stefanie helfen, die positiven Aspekte beider Seiten hervorzuheben und dadurch einen persönlichen Streit zu beenden: »Es ist richtig, dass Kinder ausreichend Schlaf und einen ausreichend strukturierten Tagesablauf benötigen. Gleichzeitig brauchen sie auch positive Spielerlebnisse und das Gefühl, dass sie eine gewisse Einflussmöglichkeit auf die Tagesstruktur haben (im Sinne von Selbstwirksamkeit). Insofern ergänzen sich Ihre Ansätze. Die Frage ist nur, wie viel Flexibilität und wie viel feste Struktur Sie jeweils der anderen Seite zubilligen können und wie sie in Zukunft einen besseren Weg finden, darüber zu kommunizieren.«

Ob die Lösung dann in einem früheren Spielbeginn durch Martin, einer größeren Toleranz für ein Überziehen der Bettgehzeit durch Friederike oder in einer ganz anderen Rollenaufteilung (z. B. Friederike spielt abends und Martin muss beide morgens zur Kita bringen) liegt, ist natürlich vom Einzelfall abhängig. Entscheidend ist, dass Stephanie den unterschiedlichen Sichtweisen auf die Streitfrage *beiden* Legitimität zubilligt und damit auch deutlich macht, dass keine Konfliktpartei »falsch« gehandelt hat. Sofern das von den Konfliktparteien akzeptiert wird, ist der Weg frei für eine konstruktive Konfliktklärung jenseits von Anschuldigungen und Vorwürfen.

Gut zu merken

Konflikte gehören zum menschlichen Zusammenleben. Konstruktiv angegangen bereichern sie meist die Beziehungen der Konfliktbeteiligten. Ihren schlechten Ruf haben Konflikte, weil sie oft gar nicht oder nicht konstruktiv bearbeitet werden.

5.4 Werte- und Entwicklungsquadrat

Das insbesondere durch Schulz von Thun bekannt gewordene Werte- und Entwicklungsquadrat (Schulz von Thun 1993, 38 ff.) wird mittlerweile in vielen Beratungssituationen genutzt. Es baut auf der Grundannahme auf, dass Werte in Spannungsverhältnisse zu anderen Werten geraten können und eine einseitige Orientierung an einem Wert ebenso problematisch sein kann wie die Vernachlässigung eines anderen Wertes. Die Bedeutung des Werte- und Entwicklungsquadrats kann gut am oben beschriebenen Praxisbeispiel von Martin und Friederike verdeutlicht werden:

Praxisbeispiel

Martin und Friederike (aus dem vorherigen Beispiel) habe im Laufe des Konflikts unterschiedliche Werte betont: Martin ist Flexibilität im Umgang mit den Kindern wichtiger, als starre Regeln einzuhalten. Friederike hingegen ist die Einhaltung der Tagesstruktur zur Orientierung der Kinder wichtig. Das ist natürlich eine Vereinfachung des etwas komplexeren Konfliktes, aber ein wichtiger Gesichtspunkt. Die

Werte »Flexibilität« und »Struktur« haben beide ihre Berechtigung. Wenn sie zu einseitig gesehen und übertrieben werden, entwickeln sie sich zu negativen Werten: »Flexibilität« wird z. B. zu »Nachlässigkeit« und »Struktur« zu »Rigidität«. Wir nehmen oftmals Menschen negativ wahr, die einen anderen Wert stärker vertreten als wir. So wird Friederike in den Augen von Martin rigide wirken, Martin in den Augen von Friederike nachlässig. Dabei könnten sie ggfls. voneinander lernen und sehen, wie sie die anderen Werte stärker berücksichtigen können (das wäre dann die »Entwicklungschance«, die im Werte- und Entwicklungsquadrat enthalten ist): Martin kann lernen, bei aller Flexibilität die Struktur nicht zu vernachlässigen, und Friederike kann lernen, Strukturen auch eine gewisse Flexibilität zuzubilligen.

Die Idee zum Werte- und Entwicklungsquadrat hat Schulz von Thun nach eigenen Aussagen dem Buch von Paul Helwig zur »Charakterologie« entnommen, in dem Helwig das Wertequadrat beschreibt (Helwig 1967, 65 ff.). Immerhin verweist Schulz von Thun auch auf Aristoteles, grenzt sich von diesem allerdings mit der Behauptung ab, Aristoteles habe eine feststehende Mitte zwischen zwei Werten angestrebt, es gehe aber um ein dynamisches Ausbalancieren (Schulz von Thun 2007, 64). Die Kritik wird Aristoteles aber nicht gerecht. Aristoteles machte in der Nikomachischen Ethik deutlich, dass man stets das »rechte Maß« einhalten solle. Er stellte schon lange vor Helwig fest, dass es zu Allem ein »Zuviel« und ein »Zuwenig« gebe, was kontinuierlich und teilbar sei. Dabei ging es ihm aber nicht um ein arithmetisches Mittel zwischen unterschiedlichen Werten, sondern immer um eine Betrachtung, die personen- und situationsabhängig erfolgt. Wenn er in der Nikomachischen Ethik z. B. meint, zu viel »Wahrheit« sei Prahlerei und zu wenig »Wahrheit« eine Ironie (Aristoteles 1995b, Nikomachische Ethik 1108a 20 ff.), so ist ein »zu viel Wahrheit« sicherlich anders zu beurteilen, wenn eine Aussage vor Gericht oder auf einer Geburtstagsfeier getroffen wird.

Warum wird der Hintergrund zum Werte- und Entwicklungsquadrat in einem Buch über Rhetorik für die Soziale Arbeit beschrieben? Die Idee, dass Gutes in seiner Übertreibung schlecht wird und Schlechtes einen guten Hintergrund haben kann (es ist halt nur ein Zuviel des Guten) hat wichtige rhetorische Implikationen. Aristoteles hat in seiner Rhetorik deutlich gemacht, dass wir Menschen positiv betrachten müssen, wenn wir sie erreichen wollen. Das kann dadurch geschehen, dass gewisse negativ erscheinende Eigenschaften mit einer naheliegenden positiven Eigenschaft bezeichnet werden. So könne z.B. der »Prasser« schlicht »großzügig« genannt werden (siehe Aristoteles 2018, Rhetorik 1367a–1367b). Handelt es sich hier um eine bloße Schmeichelei? Eine Unaufrichtigkeit, um sich bei anderen Menschen beliebt zu machen? Diese Form eines Erheischens von Wohlwollen (in der lateinischen Bezeichnung eine *captatio benevolentiae*) wurde von Quintilian in seiner groß angelegten Zusammenfassung des antiken rhetorischen Wissens scharf kritisiert und eines Ehrenmannes für unwürdig erachtet (Quintilian 1995, Buch 3 Kapitel 7, 25). Das entspricht aber vermutlich nicht dem Anliegen von Aristoteles. Da Aristoteles davon ausging, jeder Wert könne zu viel oder zu wenig beachtet werden (selbst die Wahrheit), steckt hinter der Bezeichnung von »Prasserei« als »Großzügigkeit« nicht eine primitive Verkehrung der Wahrheit. Es geht eher darum, das Positive zu betonen, welches in der »Prasserei« steckt, die selbst nur ein Zuviel des dahinterstehenden positiven Wertes ist. Damit kann Aristoteles auch so verstanden werden, man solle sich als Redner*in bewusst machen, wie man andere Menschen positiv betrachten kann, um mit ihnen entsprechend in Kontakt zu kommen. Es geht ihm nicht um ein »Erheischen von Wohlwollen«, sondern darum, einen positiven Blick auf andere Menschen zu schulen, um ihnen entsprechend begegnen zu können. Nur mit dieser Grundhaltung und nicht mit einem »verbalen Kniff« wird man andere Menschen erreichen. Daran kann man sehen, wie sehr nicht nur das Wertequadrat, sondern auch Abgrenzungen zwischen Technik und Grundhaltung bereits in der Antike diskutiert wurden.

Praxistipp

Wenn es Ihnen schwerfällt, bestimmte Verhaltensweisen anderer Menschen zu verstehen, können Sie versuchen zu überlegen, ob das Verhalten aus Ihrer Sicht nicht schlicht ein Zuviel oder Zuwenig zu einem dahinterstehenden positiven Wert darstellt. Das kann einen wertschätzenden Blick auf andere Menschen erleichtern. Werden eine schroffe Abwehr als Selbstschutz und eine nervende Unverbindlichkeit als Freiheitswunsch verstanden, erleichtert dies einen vorwurfsfreien Kontakt zu anderen Menschen.

5.5 Rhetorik und Carl Rogers

Da es viele Parallelen im Menschenbild zwischen Rhetorik und Sozialer Arbeit gibt, ist es nicht verwunderlich, dass auch die Rhetorik Ansätze aufgreift, die für die Soziale Arbeit grundlegend sind. Exemplarisch soll dies an der Aufnahme kommunikationstheoretischer Ansätze von Carl Rogers in die Rhetorik verdeutlicht werden.

Carl Rogers hat die Entwicklung der humanistischen Psychologie Mitte des 20. Jahrhunderts maßgeblich beeinflusst. Mit humanistischer Psychologie ist eine Psychologie gemeint, die im Gegensatz zu dem damaligen Stand der Psychoanalyse und dem Behaviorismus den Therapeut*innen keine einseitige Expertise zugesteht. Vielmehr sei jeder Mensch Experte für die eigenen Probleme und müsse nur dazu gebracht werden, die eigenen Möglichkeiten zur Selbstentfaltung zu entdecken. Dies gelingt, wenn zwischen Therapeut*in und Patient*in eine wertschätzende Beziehung aufgebaut wird, die von Kongruenz, Akzeptanz und Empathie geprägt ist:

> »Das Individuum verfügt potentiell über unerhörte Möglichkeiten, um sich selbst zu begreifen und seine Selbstkonzepte, seine Grundeinstellungen und sein selbstgesteuertes Verhalten zu verändern; dieses Potential kann erschlossen werden, wenn es gelingt, ein klar definierbares Klima förderlicher psychologischer Einstellungen herzustellen. Drei Bedingungen müssen erfüllt sein, damit ein wachstumsförderndes Klima entsteht. (…)
>
> Das erste Element könnte man als Echtheit, Unverfälschtheit oder Kongruenz bezeichnen. (…).
>
> Die zweite Voraussetzung (…) ist das Akzeptieren, die Anteilnahme oder Wertschätzung – . (sic) das, was ich als ›bedingungslose positive Zuwendung‹ bezeichnet habe.

Der dritte (…) Aspekt (…) ist das einfühlsame Verstehen. (…)« (Rogers 2019, 66 ff.)

Schon 1960 beschrieb der Mathematiker und Psychologe Anatol Rapoport die persuasive Kraft von Rogers Ansatz (Rapoport 1960, 285 ff.): Wenn man andere Menschen von etwas Überzeugen möchte, ist es nicht immer der klügste Ansatz, mit Drohungen, Gehirnwäsche oder anderweitig einseitig vorzugehen. Vielmehr kann man Menschen auch dadurch überzeugen, dass man ihnen die Angst nimmt, eigene Auffassungen in Frage zu stellen. Das ist aber nur möglich, wenn man ihnen in der wertschätzenden empathischen und kongruenten Art begegnet, wie sie Rogers entwickelt hat.

Da Persuasion ein zentrales Anliegen der Rhetorik ist, wurde die Erkenntnis, andere Menschen nicht durch gut durchdachte Argumente, sondern durch empathisches Zuhören und Stärken zu überzeugen, von einigen Rhetoriker*innen aufgegriffen (z. B. Young, Becker, Pike 1970; viele Artikel in Teich 1992). In den Arbeiten wird (teils etwas plakativ) behauptet, antike Rhetorikansätze würden eher versuchen, kämpferisch ein Publikum zu überzeugen, als sich auf andere Menschen einzulassen. Persuasion spielt aber auch in Gesprächen ohne Publikum eine Rolle und in diesen Situationen ist es meist hilfreicher, die andere Person nicht argumentativ zu widerlegen (was zu einem Gesichtsverlust führen kann und eher neuen Widerstand motiviert), sondern sie zunächst zu verstehen und ihre Ansicht zu validieren (zur Validation siehe den Exkurs in ▶ Kap. 6.2). Ein solcher Rhetorikansatz ist für die Soziale Arbeit relevant und wird auch in dieser Arbeit vertreten. Anders als die oben genannten Arbeiten wird allerdings nicht so scharf zwischen »klassischer Rhetorik« und einer Rhetorik nach Rogers unterschieden, weil es schon in der Antike Ansätze zu einer verständigungsorientierten Rhetorik gab – auch wenn sie anders genannt wurde und sich meist auf Tipps für eine gute Gesprächsführung beschränkte. So enthalten z. B. die sokratischen Dialoge von Xenophon einige Hinweise zum Vorgehen in Konfliktgesprächen (Xenophon 2012, 3. und 5. Gespräch) und Platon lobte bereits die Fähigkeit des Protagoras, aufmerksam zuzuhören: »Dieser Protagoras nun ist fähig, (…) wenn er gefragt hat, die Antwort abzuwarten und aufzunehmen; worauf nur wenige eingerichtet sind.« (Platon 2009, Protagoras 329 b).

Reflexionsfragen

- Welche weiteren Modelle und Techniken könnten unter rhetorischen Gesichtspunkten betrachtet werden?
- Verändert der rhetorische Blick auf die Modelle und Techniken etwas für Sie? Verstehen Sie diese dann besser oder schlicht anders?

Weiterführende Literatur

Bono, Edward de (1991): Conflicts – A Better Way to Resolve Them. London: Penguin Books.

Hetzel, Andreas (2011): Die Wirksamkeit der Rede. Bielefeld: Transcript-Verlag.

Rafi, Anusheh (2022): Offene und geschlossene Fragen – eine meist kaum reflektierte Unterscheidung. In: Spektrum der Mediation, Ausgabe 87, S. 47–49.

6 Argumentation

☞ **Überblick**

In diesem Kapitel wird erklärt, warum Argumentation – ein zentraler Begriff der Rhetorik – für die Soziale Arbeit von großer Bedeutung ist. Wichtige Argumentationsformen werden vorgestellt und praxisrelevant erläutert.

Wir argumentieren permanent im Umgang mit anderen Menschen. Trotzdem mag es verwundern, wenn »Argumentation« im Bereich der Sozialen Arbeit für so bedeutsam gehalten wird, ihr ein eigenes Kapitel zu widmen, schließlich hat die Soziale Arbeit wenig mit einem Debattierwettbewerb gemein. Wer so denkt, geht in der Regel allerdings von einem sehr eingeschränkten Argumentationsverständnis aus. Drei Formen der problematischen Reduzierung der Argumentation sind:

1. Reduzierung der Argumentation auf Logik
Teilweise wird die Argumentation auf logische Formen der Schlussfolgerung reduziert. Sie unterscheidet sich dann kaum noch von der »Logik als Lehre der gültigen Formen« (Bucher 1987, 13):
Beispiel: Rauchen gefährdet die Gesundheit. Herr Krause möchte gesund bleiben. Daraus folgt: Herr Krause sollte nicht rauchen oder mit dem Rauchen aufhören.

Diese Reduzierung scheint auch Davies vorzunehmen, wenn er für sein ansonsten lesenswertes Buch »Nervöse Zeiten« (2019) folgenden Untertitel wählt: »Wie Emotionen Argumente ablösen«. Während logische Aspekte in der Argumentation durchaus eine Rolle spielen (logische

Widersprüche sind zu vermeiden), argumentieren wir keineswegs immer rein logisch. Vielmehr gibt es auch sehr emotionale Argumente, sodass Emotionen die Argumente nicht ablösen, sondern unterstützen.
Beispiel: Rauchen gefährdet die Gesundheit. Frau Krause liebt ihren Mann und möchte mit ihm eine lange ruhige Rentenzeit verbringen. Sie sorgt sich um die Gesundheit ihres Mannes und bittet ihn, mit dem Rauchen aufzuhören, weil sie ihn liebt und noch lange bei sich haben möchte.

So hat Walton 1992 z. B. ausgeführt, in welcher Form Emotionen für die Argumentation von Bedeutung sind. Damit werden wir uns in den kommenden Abschnitten genauer befassen.

2. Reduzierung der Argumentation auf Streit
Teilweise wird das Argumentieren (besonders im Englischen) mit »Streiten« gleichgesetzt. »Don't argue!« lautet z. B. ein elterlicher Appell an uneinsichtige Kinder, womit selbstverständlich kein Verbot von Übungen im logischen Denken gemeint ist. Deborah Tannen hat in ihrem weit beachteten Buch »The Argument Culture« kritisiert, dass in westlichen Kulturen die Diskussion polarisierend durchgeführt und mit Metaphern des Kampfes beschrieben wird, was die zwischenmenschliche Kommunikation beeinträchtigen kann:

> »The concept underlying the argument culture is the notion of ritualized opposition, in contrast to the literal opposition of genuine disagreement. It is the Western tendency to view everything through the template of a battle metaphor, and to glorify conflict and aggression, in contrast to the Eastern emphasis on harmony as a way to defuse inevitable conflict.« (Tannen 1998, 4).

Dabei können Argumente auch in einer Form ausgetauscht werden, die nicht polarisierend ist. Das sieht auch Tannen, wenn sie schreibt:

> »The opposite of the argument culture is not being ›nice‹ and avoiding conflict; it is finding constructive ways of arguing, debating, and confronting conflict.« (Tannen 1998, 6).

Allerdings zeigt die Bezeichnung »argument culture«, welche negativen Konnotationen im Begriff »Argument« stecken können. Lakoff und Johnson haben ferner viele Beispiele zusammengetragen, die eine »Assoziation« von »Argumentation« mit Krieg nahelegen (Lakoff, Johnson 2003, 4 ff.). Zwar beziehen sich ihre Beispiele auf die englische Sprache, doch auch im Deutschen kann man Argumente angreifen, gewinnen oder verlieren, Argumentationsstrategien entwickeln etc. Solche kriegerischen Assoziationen lassen das Argumentieren bedrohlich erscheinen. Eine dem hier vermittelten Ansatz nahekommende Position wurde von Makau und Marty unter dem Titel »deliberative argumentation« beschrieben, in dem sie kritisieren, dass Argumentation oft auf eine eher aggressive Rationalität reduziert wird und eher konsensorientiert und unter Einbeziehung von Emotionen stattfinden sollte (Makau, Marty 2013, insbesondere Kapitel 10; Makau, Marty 2001, insbesondere Kapitel 3).

3. Reduzierung der Argumentation auf die Stütze von Positionen
Argumentation wird in der Regel als die Stützung einer Position verstanden. Im psychosozialen Beratungsgespräch geht es allerdings selten um die Festigung von Positionen, sondern um eine gemeinsame Erarbeitung von Möglichkeiten. Es geht darum, die Expertise der Klientel für ihre Bedürfnisse und Befindlichkeiten mit der Expertise der Sozialen Arbeit für Hilfsmöglichkeiten zusammenzubringen. Dabei wird übersehen, dass Argumentation auch stattfindet, wenn keine festen Positionen verteidigt werden. Im Gegenteil ist die Chance deutlich größer, andere Menschen zum Überdenken ihrer Position zu motivieren, wenn man selbst die Bereitschaft einer Veränderung zeigt. Insofern lässt sich das Einstellen auf andere Perspektiven gut in eine Argumentationstheorie integrieren (so auch der oben zitierte Ansatz von Makau, Marty 2001 und 2013 zur deliberativen Argumentation). So stellt auch Alt (2000, 122) fest: »Diskussionen sollten wir daher auch als Anlässe für Lernprozesse betrachten.«

In diesem Buch wird von einem weiten Argumentationsverständnis ausgegangen, welches diese problematischen Reduktionen vermeidet. Dieser weite Ansatz entspricht einem rhetorischen Argumentationsverständnis, welches Argumente nicht auf das Ergebnis einer logischen Operation ansieht oder nur die Argumente zulässt, die nach bestimmten Verfahrensregeln (wie z.B. in einer Geschäftsordnung festgelegt) formuliert werden. Vielmehr wird Argumentation als ein kommunikativer Prozess angesehen, der alltäglich stattfindet (zur Unterscheidung eines logischen, dialektischen und rhetorischen Argumentationsverständnisses siehe z. B. Wenzel 2006).

Um mit einer denkbar weiten Definition einzusteigen, wird als ein Argument ist alles angesehen, was zur Begründung eines problematisierten Geltungsanspruchs vorgebracht wird (Habermas 1984, 130f.). Wenn wir eine Meinung äußern, beanspruchen wir in der Regel, dass diese Meinung »gilt«. Durch einen Widerspruch einer anderen Person wird dieser Geltungsanspruch problematisiert. Wir müssen ihn dann begründen. Wenn nun alles, was zur Begründung vorgebracht wird, als Argument anzusehen ist, ist damit noch nichts über die Qualität des Arguments gesagt. Die Möglichkeiten, die Qualität von Argumenten einzuschätzen, werden im weiteren Verlauf des Kapitels besprochen.

Praxisbeispiel

Schulsozialarbeiter Korkut führt ein Gespräch mit Raphael (14 Jahre alt), der in der 9. Klasse kurz vor dem Mittleren Schulabschluss (MSA) steht, jedoch ständig die Schule schwänzt und dadurch den Abschluss gefährdet. Korkut weist darauf hin, wie wichtig die Schule sei. Dieser »Geltungsanspruch« wird von Raphael mit folgenden Worten problematisiert: »Schule ist scheiße. Da lernt man nichts Sinnvolles! Sie ist nur langweilig!«

Korkut kann erst einmal empathisch zuhören, anstatt zu argumentieren, und genauer herausarbeiten, was Raphael am Schulunterricht stört. Er kann aber auch versuchen, seinen problematisierten Geltungsanspruch (»Schule ist wichtig!«) argumentativ zu stützen. Dabei ist die Qualität der Argumente für den konkreten Fall sehr davon abhängig, mit welchen Argumenten er Raphael erreicht. Ein Hinweis auf die allgemeine Schulpflicht wird bei Raphael wohl nur Reaktanz hervorrufen und vor allem in keiner Weise die Qualität der Schulbildung hervorheben. Ein Hinweis auf die Bedeutung des MSA für eine spätere gut bezahlte Arbeit mag hilfreicher sein, betont aber ebenfalls nur den formalen Abschluss und nicht die inhaltliche Bedeutung des Schulunterrichts. Außerdem wird mit einem für Raphael sehr fernliegenden Ziel argumentiert, welches ihn in der Gegenwart möglicherweise nicht ausreichend motiviert. Eventuell erreicht man Raphael mit einer Geschichte darüber, wie jemand wirtschaftlich »über den Tisch gezogen« wurde, weil er sich nicht mit Prozentrechnung auskannte. Vielleicht motiviert ihn auch die Aussicht, seinen Status in der Klasse zu verbessern, wenn er anderen Klassenmitgliedern etwas erklären kann. An diesem Beispiel merkt man schon, dass es wichtig ist, sich zunächst mit den Anliegen und Bedürfnissen des Gesprächspartners zu befassen, um dann Argumente zu finden, die ihn gut erreichen.

6.1 Logos, Ethos und Pathos in der Argumentation

So wie heute teilweise noch zwischen Kopf-, Herz- und Bauchmenschen unterschieden wird, wurden in der Rhetorik drei Bereiche unterschieden, die für eine erfolgreiche Rede von Bedeutung sind: Der Logos, d.h. die logische Stringenz oder zumindest Widerspruchsfreiheit der Rede ist der Teil, der meist kontextunabhängig betrachtet werden kann. Das Ethos bezieht sich auf die Glaubwürdigkeit der sprechenden Person: Tut sie, was sie sagt? Ist sie aufrichtig? Passt die Rede zu ihrer Lebensführung? Das Pathos schließlich hebt die Bedeutung hervor, Emotionen bei anderen Menschen hervorzurufen (Aristoteles 2018, 1355b–1356a). Während die Argumentation bei Aristoteles eher dem Logos zugeordnet wird, sind bei dem hier vorgeschlagenen weiten Argumentationsbegriff alle drei Bereiche relevant.

6.1.1 Argumentation und Logos

Argumente haben eine gewisse Kraft, die unabhängig von der sie vorbringenden Person bestehen kann. In der Logik wurden Strukturen erarbeitet, die aus zutreffenden Annahmen (Prämissen) eine zwingend wahre Schlussfolgerung erlauben. So ist eine ganz einfache grundsätzliche Form der Argumentation der Schluss von einem Fall und einer allge-

meinen Regel auf ein Ergebnis:
Beispiel: Wenn es regnet, wird die Straße nass (allgemeine Regel).
Es hat geregnet (Fall).
Also ist die Straße nass (Ergebnis).

Leider ist die Argumentation selten so trivial. Wie sieht es z. B. mit folgendem Argument aus?
Beispiel: Wenn Menschen hilfsbedürftig sind, sollte man ihnen helfen (allgemeine Regel).
Frau Müller hat nicht genügend Geld, um ihre Miete zu bezahlen, und benötigt Hilfe (Fall).
Frau Müller sollte Geld für die Miete gegeben werden (Ergebnis).

Die allgemeine Regel erscheint zunächst einmal plausibel, wobei auch sie keineswegs trivial ist. Nicht alle hilfsbedürftigen Menschen wünschen sich Hilfe und es ist auch diskutabel, wann ein Mensch überhaupt als hilfsbedürftig anzusehen ist. Der bezeichnete Fall ist ebenfalls fragwürdig. Nehmen wir an, Frau Müller verfügt tatsächlich nicht über genügend Geld, um ihre Miete zu zahlen. Ist sie daher »hilfsbedürftig«? Möglicherweise wohnt sie allein in einer 180 qm großen Wohnung, die sie sich schlicht nicht mehr leisten kann. Dann sollte sie eventuell umziehen. Eine Hilfsbedürftigkeit folgt jedenfalls nicht allein schon wegen des finanziellen Engpasses. Aber selbst, wenn man ihre Hilfsbedürftigkeit annimmt, folgt daraus keineswegs, dass ihr Geld gegeben werden sollte. Die geeignete Hilfsmaßnahme wird nicht schon durch die Hilfsbedürftigkeit impliziert. Bei kurzfristigen Liquiditätsproblemen mag eine finanzielle Unterstützung hilfreich sein. Wenn Frau Müller allerdings Schwierigkeiten hat, mit ihrem Geld zu haushalten, wäre eine entsprechende Beratung sinnvoller. Möglicherweise ist ihr Einkommen zu gering und sie benötigt einen neuen Job oder eine Weiterbildung.

Im Alltag argumentieren wir selten streng logisch. Es ist jedoch hilfreich, Argumente auf ihre logische Struktur zurückzuführen, um festzustellen, ob z. B. das Ergebnis tatsächlich aus den Prämissen folgt bzw. ob die Prämissen problematisch sind bzw. welche Prämissen fehlen. Wer z. B. im Rahmen eines Streits um eine zivilrechtliche Haftung eines Kindes (im Rahmen von § 828 Abs. 3 BGB) argumentiert: »Die elfjährige Bettina konnte nicht wissen, dass sie mit dem Herunterladen der Musikdateien eine Urheberrechtsverletzung begeht. Das verstehen ja schon viele Erwachsene nicht!«, impliziert, dass Erwachsene grundsätzlich mehr verstehen als Kinder und die Ignoranz einiger Erwachsener einen Hinweis auf eine Überforderung einer Elfjährigen erlaubt. Das Argument mag in diesem Fall plausibel erscheinen, ist aber keineswegs allgemeingültig. So lässt meine Ignoranz hinsichtlich der PAW Patrol-Filme sicherlich nicht die Schlussfolgerung zu, meine sechsjährige Tochter wisse auf diesem Gebiet weniger als ich und könne nicht zuverlässig »Marshall« von »Everest« unterscheiden. Das Argument ist daher nicht logisch zwingend.

In der Regel müssen wir daher unsere Prämissen begründen. In der Antike wurde insbesondere von Cicero eine fünfgliedrige Argumentation vorgeschlagen, bei der jede Prämisse nochmals begründet wird, bevor man zu einer Schlussfolgerung gelangt (Cicero 1998, 100ff.).

Am Beispiel von Frau Müller könnte die Begründung dann lauten:

1. Wenn Menschen hilfsbedürftig sind, sollte man ihnen helfen (allgemeine Regel).
2. Jeder Mensch benötigt hin und wieder Hilfe und würde sich dann ebenfalls Hilfe von anderen Menschen wünschen (Begründung der Regel).
3. Frau Müller hat nicht genügend Geld, um ihre Miete zu bezahlen, und benötigt Hilfe (Fall).
4. Wenn Frau Müller nicht innerhalb von zwei Wochen 700 € erhält, wird sie die Wohnung verlieren und mit ihrem zweijährigen Sohn obdachlos sein (Konkretisierung des Falles).
5. Frau Müller sollte Geld für die Miete gegeben werden (Ergebnis).

Dieses fünfgliedrige Schema wurde *epicheirema* genannt und in verschiedenen Varianten in der antiken Rhetorik diskutiert (Kroll 1936).

Einflussreicher ist das Argumentationsmodell von Stephen Toulmin, welches einige Parallelen zum Epicheirema aufweist, sich aber davon abgrenzt und stärker an der Praxis orientiert ist (Toulmin 1999, 107ff.). Sein Schema wurde viel rezipiert und erleichtert die Analyse von Argumenten (Toulmin 1999, 104ff.). Es geht davon aus, dass wir in der Regel aufgrund von bestimmten Daten (also Informationen, Wahrnehmungen etc.) zu einer bestimmten Behauptung gelangen. Das passiert, weil wir meinen, die Daten würden zur Behauptung führen. Damit dies logisch stimmt, benötigen wir eine Übergangsregelung, also eine Begründung für den Zusammenhang zwischen den Daten und der Behauptung. Die Behauptung »Die Straße ist nass!« folgt nur aus dem Datum »Es hat geregnet!«, wenn die Übergangsregelung »Wenn es regnet, wird die Straße nass!« zutrifft.

Bis hierhin ist das Schema sehr zu vergleichen mit dem oben aufgeführten Grundschema der Argumentation. Toulmin stellt aber auch fest, dass in vielen Fällen diese Übergangsregelung begründungsbedürftig ist und ihrerseits unterstützt werden sollte. Eine solche Stütze könnte lauten: »Jedes Mal, wenn es in der Vergangenheit geregnet hat, war die Straße nass!« – eine nicht zwingende, aber doch plausible induktive Begründung der Übergangsregel. Schließlich führt Toulmin noch die Möglichkeit von Ausnahmen ein – das sind außergewöhnliche Situationen, die eine ansonsten gültige Übergangsregelung ungültig machen. Eine solche Ausnahme könnte lauten: »Es sei denn, es wurde über die Straße eine Plane gespannt.«

Das Schema kann folgendermaßen visualisiert werden:

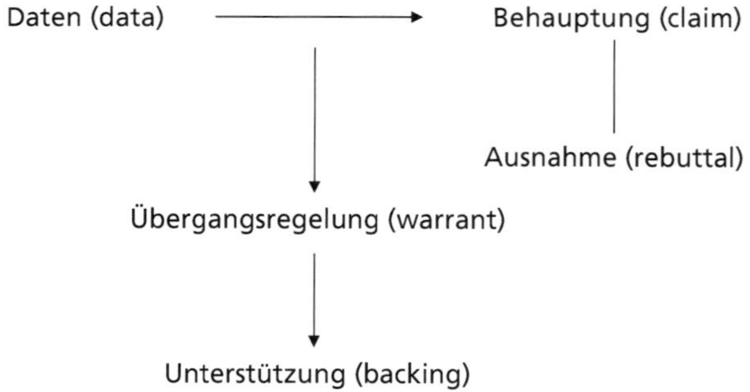

Nicht jedes Argument wird alle Stationen umfassen. Das Schema erleichtert es einem jedoch zu verstehen, wie argumentiert wird. Nehmen wir z. B. folgende Argumentation an: Es wird behauptet, Anton sollte sein Sorgerecht über seine dreijährige Tochter entzogen bekommen. Als gegeben (Datum) wird eingebracht, er habe seine dreijährige Tochter geschlagen. Wer so argumentiert, geht offenbar von der Übergangsregelung aus: »Wer sein Kind schlägt, sollte das Sorgerecht entzogen bekommen.« Diese Übergangsregelung kann gestützt werden durch gesetzliche Vorgaben, die dem Kind ein Recht auf eine gewaltfreie Erziehung (§ 1631 Abs. 2 BGB) garantieren. Nun kann natürlich das Argument auf verschiedenen Ebenen hinterfragt werden: Hat Anton seine Tochter tatsächlich geschlagen? Ist die Übergangsregelung zutreffend? Wird sie ausreichend unterstützt? Hier wird man schnell sehen, dass die Unterstützung (die gesetzliche Regelung in § 1631 Abs. 2 BGB) zwar deutlich macht, dass es falsch ist, Kinder zu schlagen, jedoch nicht die Konsequenz des Sorgerechtsentzuges als einzige Möglichkeit anerkennt. Daher ist entweder die Übergangsregelung so nicht zutreffend, oder aber es müssen Ausnahmen von der Regel berücksichtigt werden. So würde man hier sicherlich zwischen der Schwere der Schläge und der möglicherweise problematischen Trennung der Tochter von einer wichtigen Bezugsperson abwägen müssen und daher überlegen, welche milderen Mittel vor einem Sorgerechtsentzug denkbar wären (z. B. Erziehungsberatung).

Praxisbeispiel

Karl, 22 Jahre alt, arbeitslos, meint: »Erst einmal sollten die Deutschen in Deutschland Arbeit erhalten. Jeder Ausländer, der einen Arbeitsplatz hat, nimmt einem Deutschen den Arbeitsplatz weg!«

Das Argument hat eine dem ersten Anschein nach plausible Logik: Wenn es nur eine begrenzte Zahl von Arbeitsplätzen gibt und einige Arbeitsplätze von Ausländer*innen belegt sind, nehmen sie diese Deutschen offenbar weg. Ob das problematisch ist und Deutsche bevorzugt eingestellt werden sollten, ist eine Wertungsfrage. Aber unabhängig von der Wertungsfrage (die schwer zu diskutieren ist) ist das scheinbar logische Argument aus mehreren Gründen problematisch:

1. Es wird nicht geklärt, ob überhaupt eine deutsche Person bereit wäre, die entsprechende Arbeit auszuüben. Es gibt unattraktive, schlecht bezahlte Arbeiten, die sehr ungern übernommen werden.

2. Es bleibt offen, ob eine deutsche Person die Kompetenzen hat, den entsprechenden Arbeitsplatz zu übernehmen. Nicht umsonst werden in vielen Bereichen mit Fachkräftemangel ausländische Fachkräfte angeworben.
3. Wirtschaftlich gesehen ist es nicht zutreffend, dass eine begrenzte Anzahl von Arbeitsplätzen vorhanden ist, die dann von Ausländer*innen »belegt« werden. Letztlich konsumieren alle Menschen in Deutschland und mit mehr Menschen steigt auch der Bedarf an Arbeit. Insofern führt der Zuzug von Ausländer*innen auch zu einer Erhöhung des Arbeitsbedarfs und schafft zusätzliche Arbeitsplätze. Das muss mitberücksichtigt werden.
4. Auf einer ganz anderen Ebene bleibt offen, wie zwischen Deutschen und Ausländer*innen unterschieden wird. Geht es um die Staatsangehörigkeit? Es gibt viele Menschen, die schon in der dritten oder vierten Generation in Deutschland leben, aber nicht die deutsche Staatsangehörigkeit besitzen. Werden diese als Ausländer*innen angesehen? Ist eine spät eingebürgerte Person kein*e Ausländer*in mehr, wenn sie den deutschen Pass besitzt? Geht es um einen rechtlichen Status, um eine kulturelle Verbundenheit oder eine Zuschreibung? Auch auf dieser Ebene ist das Argument sehr fragwürdig.

Das Beispiel verdeutlicht sowohl den Nutzen als auch die Grenzen des Argumentationsschemas von Toulmin. Nr. 1 und 2 können als eine Problematisierung der Aussage verstanden werden »Jeder Ausländer, der einen Arbeitsplatz hat, nimmt einem Deutschen den Arbeitsplatz weg.« Das wäre in Toulmins Schema vermutlich eine Problematisierung der Daten. Nr. 3 hinterfragt in erster Linie die Behauptung, Deutsche sollten vorrangig vor Ausländer*innen Arbeitsplätze erhalten. Es wird – selbst wenn man die fragwürdige Wertung von Karl übernimmt – eine wichtige Ausnahme von seiner Behauptung hervorgehoben: Sollte der Zuzug von Ausländer*innen zu mehr Arbeitsplätzen führen, dieser Zuzug aber nur möglich sein, wenn den Ausländer*innen auch eine realistische Chance auf einen Arbeitsplatz eingeräumt wird, wäre die Behauptung (oder Schlussfolgerung) von Karl problematisch. Sie müsste daher lauten: »Jeder Ausländer, der einen Arbeitsplatz hat, nimmt einem Deutschen einen Arbeitsplatz weg, sofern nicht durch seine Anwesenheit weitere Arbeitsplätze geschaffen werden.« Insofern kann Nr. 3 als eine Ausnahme von der Behauptung angesehen werden. Nr. 4 hinterfragt letztlich die Übergangsregelung. Diese wird nicht direkt widerlegt, aber semantisch hinterfragt. Es stellt sich heraus, dass die Regelung mit sehr unklaren Begrifflichkeiten arbeitet und offenbleibt, nach welchen Kriterien die Dichotomie zwischen Deutschen und Ausländer*innen gerechtfertigt werden soll. Es ist nicht zwingend, jedes Argument in das Schema von Toulmin einzuordnen. Allerdings ermöglicht die Einordnung ein besseres Verständnis, auf welcher Ebene ein Argument kritisiert wird.

6.1.2 Argumentation und Pathos

Wir erreichen Menschen in der Regel nicht mit bloßer Logik, Menschen werden emotional erreicht. Sicherlich kann die Logik Emotionen beeinflussen, wie das z. B. in der rational-emotiven Verhaltenstherapie nach Albert Ellis geschieht (siehe Exkurs).

Exkurs: Rational-emotive Verhaltenstherapie nach Albert Ellis

Albert Ellis entwickelte die rational-emotive Verhaltenstherapie, nachdem er zuvor jahrelang als Psychoanalytiker gearbeitet hatte. Ein wesentlicher Aspekt seines verhaltenstherapeutischen Ansatzes (mit vielen Nähen zur humanistischen Psychologie) ist die Erkenntnis, dass Menschen mit Gedanken ihre Gefühle beeinflussen und mit Gefühlen ihre Gedanken:

> »Das Denken führt Emotionen und Verhaltensweisen herbei und beurteilt sie. Emotionen wiederum motivieren Gedanken und Gefühle. Dann erzeugen und beeinflussen Gedanken und Gefühle sich zirkulär gegenseitig und sind kaum jemals völlig verschieden und unabhängig voneinander« (Ellis 1997, 39).

Daher versucht er in seinen Therapien herauszuarbeiten, welche Gedanken und Überzeugungen seiner Klient*innen dysfunktional sind. Dysfunktional sind sie seiner Ansicht nach dann, wenn sie sekundäres

Leid verursachen, welches nicht hilfreich ist, um das eigene Leben zu bewältigen. So mag Trauer eine natürliche und empathische Reaktion auf einen Verlust darstellen, Panik vor Verlust ist hingegen weder hilfreich noch rational begründbar. Die Angst vor den Blicken anderer Menschen mag bis zu einem gewissen Grad einer sozial funktionalen Scham entspringen. Eine Sozialphobie, die jegliche Blicke anderer Menschen fürchtet, weil sie möglicherweise eine unerträgliche Scham erzeugen könnten, erscheint beeinträchtigend und dysfunktional (ausführlich in Ellis 1997, 17 ff.).

Sehr bekannt sind die Studien des Neurologen Damasio, der an vielen Beispielen verdeutlicht hat, wie entscheidungs- und lebensunfähig Menschen werden, die Rationalität und Emotionen nicht verbinden können. Rationalität ohne Emotionen, Logos ohne Pathos ist für ihn ebenso wenig denkbar wie für Albert Ellis:

> »Mit diesem Buch möchte ich darlegen, dass die Vernunft möglicherweise nicht so rein ist, wie die meisten Menschen denken oder wünschen, dass Gefühle und Empfindungen vielleicht keine Eindringlinge im Reich der Vernunft sind, sondern, zu unserem Nach- und Vorteil, in ihre Netze verflochten sein könnten. Weder im Verlauf der Evolution noch in irgendeinem Individuum dürften sich die Strategien der menschlichen Vernunft unabhängig vom bestimmten Einfluss der biologischen Regulationsmechanismen entwickelt haben, zu deren Ausdrucksformen Gefühl und Empfindung wesentlich gehören. Mehr noch, sogar wenn sich die Vernunftstrategien in den Entwicklungsjahren ausgebildet haben, hängt ihre wirksame Anwendung wahrscheinlich in beträchtlichem Maße von der steten Fähigkeit ab, Gefühle zu empfinden« (Damasio 2000, 12).

In vielen Situationen verleiten uns die Emotionen dazu, bestimmte Schlussfolgerungen vorzunehmen, da wir in den seltensten Fällen mit reiner Logik Entscheidungen treffen können. Statistiken, Zahlen und Daten stellen oftmals Abstraktionen dar, die zwar oft präziser sind als bloße bildliche und persönliche Formulierungen, uns jedoch ohne entsprechende Schulung weniger ansprechen (Dobelli 2012, 157 f.). Die Aussage »Meine Nachbarn hören täglich drei Stunden Musik auf einer Lautstärke von 100 Dezibel« ist sehr präzise. Sie erreicht uns aber nur, wenn wir mit der Dezibel-Skala vertraut sind. Die Aussage »Jeden Tag setzten mich meine Nachbarn mehrere Stunden einer Musik in Discolautstärke aus, die erwiesenermaßen gesundheitsschädigend ist«, ist weniger präzise, jedoch erreicht sie den Menschen emotional eher (zur Bedeutung der bildhaften Sprache für eine emotional ansprechende Argumentation siehe auch Ditko, Engelen 1996, 155 ff.).

Praxisbeispiel

Im obigen Beispiel mit dem arbeitslosen Karl ist es vermutlich nicht zielführend, über Definitionen von Deutschen und Ausländer*innen zu diskutieren oder auf den Wert eines jeden Menschen unabhängig von der Nationalität hinzuweisen, wenn man Karl erreichen möchte. Vielmehr wird man ihn eher emotional erreichen, indem man ihn mit seiner Sorge der Arbeitslosigkeit abholt. Auch könnte man eventuell mit ihm gemeinsam feststellen, welche Geschäfte alle geschlossen werden müssten, solange nicht alle Deutschen eine Arbeit haben, welche italienischen Restaurants oder türkischen Dönerstände von Deutschen betrieben werden müssten. Es könnte auch über Deutsche gesprochen werden, die im Ausland nach Arbeit suchen, oder exemplarisch über ein paar ausländische Menschen, die in Deutschland aufgewachsen sind oder hochqualifiziert aus politischen Gründen nach Deutschland immigrieren mussten. Schicksale von Deutschen könnten geschildert werden, die während des Nationalsozialismus im Ausland nach Arbeit suchen mussten. Ob Erzählungen, ein Film oder neue Freundschaften Karl erreichen, ist natürlich offen. Sicher ist nur, dass er eher mit emotionalen als mit logischen Argumenten erreicht wird.

Viele sozialpsychologische Studien haben verdeutlicht, dass Menschen ihre Entscheidungen in der Regel stärker emotional treffen, anstatt sie wirklich zu durchdenken, und sehr gut in der Lage sind, eine emotional getroffene Entscheidung im Nachhinein rational zu begründen (Kahneman 2012, 138 ff.; Haidt 2013, 32 ff.; Kast 2013, 17 u. 108; Mérö 2002, 344 ff.). In alltäglichen Situationen, in denen Menschen um kleine unaufwändige Gefallen gebeten werden, ist die Tatsache, dass eine Begründung für die vorgetragene Bitte geliefert wird, oftmals wichtiger als die inhaltliche Begründung.
Beispiel: In einer Bibliothek im Kopierraum wurden z. B. Menschen an der

Warteschlange gebeten, einen vorzulassen. Hierzu wurde in einer Gruppe keine Begründung geliefert und in einer zweiten Gruppe »Eile« als Begründung genannt. Erwartungsgemäß wurden die Personen der zweiten Gruppe eher vorgelassen. Es gab aber noch eine dritte Gruppe, die eine »Placebo«-Begründung eingebracht hat – also eine Begründung, die letztlich keine zusätzlichen Informationen bietet, jedoch die Struktur einer Begründung liefert: »Darf ich bitte vor, weil ich kopieren muss?« Tatsächlich wurden die Personen mit dieser Placebo-Begründung fast ebenso oft vorgelassen wie mit der Begründung »Eile« (Langer, Blank, Chanowitz 1978, 636ff.).

In der Antike wurde bereits anerkannt, dass der Logos für sich alleinstehend nicht ausreicht, um andere Menschen zu erreichen. Wenn man mit dem Altphilologen Walter F. Otto den Logos als die in einem konkreten rationalen System richtige Rede versteht, also eine Rede, die nur unter bestimmten Bedingungen überzeugt (Otto 1959, 121), kann man ihr den Mythos entgegensetzen, der einer vorwissenschaftlichen Wahrheit entspricht (Pollmann 2002, 290). Jede rationale Argumentation geschieht schon innerhalb eines Systems – jedes Prüfen und Entkräften bedarf Grundannahmen, die ein Prüfen und Entkräften ermöglichen (Wittgenstein 1997, Nr. 105). Wer meint, Kinder müssten gezüchtigt werden, weil sie ansonsten ungezogen blieben, bewegt sich außerhalb des deutschen Rechtssystems und der vorrangigen Pädagogik. Ist der Person das Rechtssystem und die herrschende pädagogische Ansicht gleichgültig, wird man sie nicht mit einem Hinweis auf Rechtsvorschriften überzeugen können. Insbesondere wenn sie selbst gezüchtigt wurde und meint, sich nur dadurch zu einem sozial verträglichen Wesen entwickelt zu haben, kann sie bestenfalls mit Pathos erreicht werden.

Praxisbeispiel

Anton und Berta streiten sich über die Bedeutung des Wertes »Leben«. Anton ist der Ansicht, das Leben sei der höchste Wert, weil man andere Werte nur lebendig genießen könne. Berta hingegen verteidigt die Würde als höchsten Wert mit dem Hinweis, es müsse das Recht auf einen würdevollen Tod geben. Hier wirft Anton ihr vor, »Gott« spielen zu wollen und Menschen in den Tod zu drängen. Berta wirft Anton vor, Menschen unnötig leiden zu lassen.

Die unfruchtbare Diskussion wird besser verlaufen, wenn man von den abstrakten Argumenten zu konkreten Situationen übergeht und sich über unterschiedliche Erfahrungen oder Vorstellungen austauscht. Anton hat möglicherweise erlebt, wie ungeduldige Erbinnen und Erben oder überforderte ehrenamtliche Pflegekräfte andere Menschen zur Inanspruchnahme von lebensverkürzenden palliativen Maßnahmen oder passiver Sterbehilfe drängen. Berta wiederum hat möglicherweise das Bild von Menschen im Kopf, die ohne Hoffnung auf Besserung von Schmerzen geplagt sind und sich sehnlichst das Lebensende wünschen. Beide unterschiedliche Erfahrungen werden einen tiefen Eindruck hinterlassen und starke Emotionen hervorrufen. Ein argumentativer Austausch kann dann nicht allein rational erfolgen.

Descartes, ein französischer Philosoph des 17. Jahrhunderts, ging noch davon aus, ein wahrer Inhalt überzeuge unabhängig von der Form des Vortrages eher als die beste Rede (Descartes 1973, 8). Eine geschichtlich und kulturell unabhängige Wahrheit ist jedoch (abgesehen vielleicht von der Mathematik) kaum vorhanden, sodass Logos und Pathos zusammengehören,

> »... weil das Wesen des Menschen sowohl von logischen als auch von pathetischen Elementen bestimmt ist und infolgedessen die Rede den Menschen als Einheit von Logos und Pathos nur erreichen kann, wenn sie beide Aspekte anspricht« (Grassi 1979, 156).

»Einheit« von Logos und Pathos bedeutet aber auch, dass das Pathos nicht dazu genutzt werden sollte, Menschen mit mitreißenden, aber logisch unzutreffenden Argumenten zu begeistern. Pathos sollte der Logik nicht widersprechen, sondern diese ergänzen oder unterstützen. So schreibt Fetscher (1998, 109) in seinen Ausführungen zur Rhetorik von Hitlers Reichsminister Joseph Goebbels: »Oft übertönt das Pathos die logische Inkonsistenz.« Dies sei nur als eine Mahnung erwähnt, Argumente *ausschließlich* auf Pathos aufzubauen.

6.1.3 Argumentation und Ethos

In Kapitel 3.3 wurde bereits hervorgehoben, dass der Charakter des Menschen Argumente stärken oder schwächen kann. Die uns zugeschriebene Sachkenntnis und Erfahrung ist ebenso wichtig wie unser Ruf. Wer in der Vergangenheit als aufrichtig erlebt wurde, wird ein Versprechen glaubwürdiger vermitteln können, als wenn das nicht der Fall ist. Man sollte sich daher stets gut überlegen, welche Versprechen man gibt.

Praxisbeispiel

Ingo hat Vertrauen zu seinem Bewährungshelfer Thomas aufgebaut und beginnt sein Treffen mit Thomas mit den Worten: »Ich muss Dir unbedingt etwas erzählen. Das wirst Du nicht glauben! Aber Du musst es für Dich behalten!«

An dieser Stelle muss Thomas sich gut überlegen, wie er sich verhält. Sichert er Vertraulichkeit zu, kann er diese möglicherweise nicht einhalten, weil er einen groben Bewährungsbruch von Ingo dem Gericht melden muss (§ 56d Abs. 3 StGB). Signalisiert er, das Gespräch mit Ingo sei keineswegs vertraulich, verliert er eventuell das Vertrauen von Ingo.

Denkbar wäre daher eine etwas ausführlichere Erklärung der Situation. Thomas könnte z. B. sagen: »Ich bin total gespannt, was Du mir erzählen möchtest, und grundsätzlich sind unsere Gespräche auch vertraulich. Allerdings weißt Du ja, dass ich vom Gericht bestellt bin und gewisse Dinge, wie z. B. schwere Bewährungsbrüche, melden muss. Ich kann nicht abschätzen, was Du mir erzählen wirst, und wollte Dich daher nur darauf hinweisen.«

Auf diese Weise wird Ingo in zukünftigen Situationen deutlich, dass er sich auf ein Versprechen von Thomas, Stillschweigen zu bewahren, vermutlich verlassen kann, weil Thomas dieses Versprechen nicht leichtfertig gibt. Sein Versprechen wird gestützt durch das ihm zugeschriebene Ethos.

Insbesondere beim längeren Kontakt mit anderen Menschen wird man sich durch Aufrichtigkeit, konsistentes Handeln und wohlüberlegtes Urteilen eine Achtung durch andere Menschen erarbeiten, die den eigenen

Aussagen eine besondere Bedeutung geben. Ist man der anderen Seite noch unbekannt, gibt es die Möglichkeit, vorgebrachte Argumente durch einen Hinweis auf die eigene Erfahrung oder Expertise zu stützen. Hierbei ist jedoch Vorsicht geboten. Die Betonung der eigenen Fähigkeiten kann als Prahlerei angesehen werden und Sympathien verschenken. Auch kann der Eindruck entstehen, man hätte es nötig, sich wegen fachlicher Unzulänglichkeiten auf bestimmte Verdienste zu berufen. So werden Sie keinen skeptischen Menschen überzeugen, wenn Sie sagen: »Ich werde das mit den Behörden klären können. Schließlich habe ich Soziale Arbeit studiert!« In bestimmten Situationen geht man von der vorhandenen Expertise schlicht aus. Trotzdem lassen sich Menschen immer wieder dazu verleiten, mit dem eigenen Lebenslauf anzugeben und sich in Superlativen zu äußern, die zu einer besonderen Skepsis einladen. So schreibt z. B. Wolf Schneider in seinem Buch über Stillehre über sich:

> »Und dies alles ließe sich lehren? Wieder ja! Man müsste nur einen finden, der sich in die Verständigungsforschung vertieft und alle Stillehren ausgewertet hat, die auf Deutsch und Englisch je erschienen sind. Der seit Jahrzehnten Höhepunkte deutscher Sprache sammelt, beginnend mit Martin Luther und mit Martin Walser nicht endend. Der seit einem Vierteljahrhundert angehende Journalisten in klarem Deutsch unterrichtet (so dass er all ihre Schwächen und Probleme kennt) und der sein Programm überdies an der Öffentlichkeitsarbeit von mehr als dreihundert Wirtschaftsunternehmen getestet hat« (Schneider 2007, 11 f.).

Wirkt Herr Schneider durch diese Aussagen kompetent oder eher wie ein Aufschneider? Jedenfalls ist es unwahrscheinlich, dass er alle Stillehren auf Deutsch und Englisch ausgewertet hat, geschweige denn über eine entsprechend vollständige Bibliographie verfügt. Es ist auch unklar, woher er mit Sicherheit behaupten kann, *alle* Schwächen und Probleme angehender Journalisten zu kennen.

Praxisbeispiel

Roberta hat ein sehr persönliches Problem und hadert damit, es der Sozialarbeiterin Hannah mitzuteilen. Sie hat offenbar Sorge, Hannah könne die Informationen schwer verkraften oder schlecht über Roberta denken. Wie kann Hannah Roberta von ihrer Kompetenz überzeugen? Anbei ein paar mögliche Antworten mit kurzer Diskussion:

1. »Ich habe jahrelang studiert und gelernt, professionell mit den schwierigsten persönlichen Problemen umzugehen.«
   Der Hinweis auf ein Studium ist vermutlich ungünstig. Dass Hannah studiert hat, ist eher selbstverständlich. Auch ist nicht überzeugend, gleich zu suggerieren, sie könne mit »den schwierigsten persönlichen Problemen« umgehen, ohne überhaupt zu wissen, was Roberta erzählen möchte. Dadurch könnte bei Roberta der Eindruck entstehen, ihr Problem werde marginalisiert.
2. »Ich mache meinen Job seit 15 Jahren und bislang habe ich allen Menschen helfen können – und glaube mir, ich habe schon alles erlebt, was es gibt!«
   Die eigene Erfahrung einzubringen, ist grundsätzlich nicht verkehrt. Insbesondere durch den Nachsatz wirkt sie allerdings in diesem Beispiel wie Prahlerei. Es ist arrogant zu behaupten, man hätte schon »alles erlebt, was es gibt«. Diese Übertreibung wird keine Zuversicht geben, sondern das Gegenteil bewirken.
3. »Überlegt Dir, was Du mir anvertrauen willst und was nicht. Mach Dir aber keine Sorgen darum, dass ich das, was Du mir sagen willst, nicht aushalten werde. Ich habe in meinen 15 Jahren schon viel erlebt und glaube, viel aushalten zu können – auch wenn ich natürlich nicht weiß, was Du sagen willst. Vermutlich werde ich Dir aber besser helfen können, wenn ich weiß, worum es geht.«
   Ob diese Aussage passt, hängt von der konkreten Beziehung zwischen Hannah und Roberta ab. Auf jeden Fall wird hier die eigene Expertise nicht in Form von Prahlerei angebracht, weil nicht suggeriert wird, das Erlebnis von Roberta wäre schon bekannt oder für Hannah unproblematisch. Trotzdem schafft es Hannah, Roberta eine gewisse Zuversicht in ihre Kompetenzen zu vermitteln. Zudem drängt sie Roberta nicht, ihr etwas anzuvertrauen. Sie hebt nur hervor, dass es in Robertas Sinne sein könnte, sich mitzuteilen, weil Hannah ihr dann vermutlich besser wird helfen können.

Gut zu merken

Die Stärke unseres Arguments hängt nicht allein von seinem Inhalt ab, sondern auch davon, ob wir es glaubwürdig vorbringen können und die andere Seite emotional erreichen.

6.2 Die Anschlussfähigkeit von Argumentation

Im ersten Kapitel wurde schon auf die Notwendigkeit der Anschlussfähigkeit der Kommunikation hingewiesen (► Kap. 1.2). Das gilt auch für Argumente. Wie in Kapitel 6.1.2 beschrieben, sind Argumente in einem bestimmten System wirksam. Es gibt keine »Superargumente«, die zeitlos in jeder Kultur überzeugen. Der Einwand »Das würde ja Frauen benachteiligen!« ist in Hinblick auf das deutsche Grundgesetz ein gutes Gegenargument. Wenn jedoch die Benachteiligung von Frauen wie in vielen patriarchalen Gesellschaften als eine Normalität angesehen wird, würde der Einwand als eine bloße Kundgabe von einer Selbstverständlichkeit abgetan werden.

Beispiel

Als ich im Rahmen meines Jurastudiums ein Jahr in Griechenland studiert habe, erläuterte der Dozent etwas zur Finanzierung der Orthodoxen Kirche, das mir merkwürdig vorkam. Ich meldete mich und wies darauf hin, dass doch die vorgetragene Praxis gegen ein staatliches Neutralitätsgebot spräche. Der vorgetragene Einwand würde nach deutschem Recht sicherlich Beachtung finden. Der griechische Dozent lächelte mich nur an und antwortete: »Wir haben kein staatliches Neutralitätsgebot in Griechenland!« In der Tat lautet Art. 3 Abs. 1 S. 1

der Verfassung der Griechischen Republik: »Vorherrschende Religion in Griechenland ist die der Östlich-Orthodoxen Kirche Christi.« Damit war mein offenbar korrekter Hinweis in diesem Kontext kein Gegenargument, sondern nur eine Feststellung.

Die Anschlussfähigkeit von Argumenten ist auf ganz unterschiedlichen Ebenen zu beachten. Es kommt einerseits auf den Kontext an: Im Gerichtsverfahren argumentiert man anders als in einem Privatgespräch, in einer kollegialen Fallberatung anders als in einer offiziellen Besprechung zur Erstellung eines Hilfeplans nach § 36 SGB VIII. Es kommt auch auf die Gemütsverfassung der anderen Personen an: Eine emotional betroffene Person ist anders zu erreichen als eine nüchtern kalkulierende Person, eine erschöpfte Person anders als eine hungrige etc. Und natürlich kommt es auch auf den Kenntnisstand und das Interesse der anderen Person an.

Hilfreich ist es, nicht *gegen* andere Menschen zu argumentieren, sondern sie in ihren Aussagen und Bedürfnissen ernst zu nehmen. Oftmals ist es möglich, einen zutreffenden Gedanken in ihrer Aussage zu nutzen, dem zugestimmt werden kann. Sprache ist ambivalent und Aussagen sind selten gänzlich falsch. Zutreffende Aspekte zu betonen und diese dann einzugrenzen, ist oft leichter von anderen Menschen zu akzeptieren, als wenn die Aussage gleich als falsch abgelehnt wird. Eine Aussage wie »Politiker sind korrupt!« ist in ihrer Pauschalität falsch. Eine klare Ablehnung mit den Worten »Das kann man so nicht sagen!« wird zu einem konfrontativen Gesprächsverlauf führen, in der beide Seiten für ihre Sichtweise streiten. Hingegen lädt die Aussage »In der Tat gibt es auch in der Politik Fälle von Korruption«, dazu ein, sich auf differenziertere Ansichten zu einigen, ohne dass jemand einen Fehler einräumen muss (Rapoport 1960, 299 ff.). Mit anderen Worten versuche ich, den zutreffenden (validen) Kern der Aussage zu betonen und die Grenzen der Richtigkeit zu beschreiben, anstatt sie als unzutreffend abzuwerten. Ein solches Vorgehen wird auch im Rahmen der Validation propagiert. Das Verfahren kann in vielen Gesprächsformaten verwendet werden, wurde aber ursprünglich für Gespräche mit alten demenzerkrankten Menschen entwickelt.

Exkurs: Validation

Die amerikanische Sozialarbeiterin Naomi Feil geht davon aus, dass zunächst unverständliche Aussagen von alten verwirrten (oftmals demenziell erkrankten) Menschen vor dem Hintergrund ihrer Biographie, unerledigter Aufgaben, Ängsten, Scham etc. verständlich werden. Eine ständige Korrektur vermeintlich falscher Aussagen belastet die älteren Menschen sehr und lässt sie unverstanden zurück. Validation bedeutet nicht, falsche Aussagen zu bestätigen, sondern die Gefühle der Menschen und ihre Sorgen ernst zu nehmen. Der Ansatz beruht auf einem wertschätzenden Blick auf andere Menschen, der humanistischen Psychologie und insbesondere dem klientenzentrierten Ansatz von Carl Rogers. Der Ansatz wird an einem Beispiel sicherlich gut verständlich:

> »Eine 88-jährige Frau erklärt entrüstet, dass die Pflegeperson eine Schüssel Wasser über ihre Kleider geschüttet hätte und sie nun ganz nass sei. Die vertraute und bekannte Pflegeperson fragt: ›Passiert das jeden Morgen?‹ Antwort der Klientin: ›Ja, jeden Morgen!‹ Frage der validierenden Pflegeperson: ›Gibt es einen Morgen, an dem das nicht passiert?‹ Antwort der Klientin: ›Nun, wenn die nette junge Dame nachts zu mir ins Zimmer schaut und mich fragt, ob ich zur Toilette müsse. Sie sehen, ich werde jetzt alt und habe manchmal Probleme mit Pipi.‹« (Feil, Klerk-Rubin 2010, 17).

Durch die Validation war es der Klientin möglich, das schambesetzte Thema der eigenen Inkontinenz zu benennen. Auch wird deutlich, dass sie in der Tat der einen Pflegeperson einen nachvollziehbaren Vorwurf für die nasse Kleidung machen kann, weil diese sie eben nicht an den nächtlichen Toilettengang erinnert. Man braucht nicht viel Phantasie, um sich vorzustellen, wie unproduktiv der Gesprächsverlauf gewesen wäre, wenn die vertraute Pflegekraft gesagt hätte: »Hier wird Ihnen niemand eine Schüssel Wasser über die Kleidung schütten. Vermutlich haben Sie eingenässt!«

Die Notwendigkeit der Anschlussfähigkeit von Argumenten impliziert auch die Grenzen der Argumentationsmöglichkeit. Dort, wo es keine anschlussfähigen Argumente gibt, beginnt die Sprachlosigkeit. Der französische Philosoph Lyotard beschrieb den Begriff des »Widerstreits« als einen Zustand, in dem zwischen ungleichartigen Diskursen eine gemeinsame Urteilsregelung fehlt (Lyotard 1989, 9). Man kann über die Qualität von Argumenten nur sprechen, wenn es anerkannte Qualitätsmerkmale gibt. Wer meint, ein Oxymoron sei eine exotische Blume, wird sich vielleicht durch einen Eintrag in einem Fremdwörterbuch überzeugen lassen, dass es sich hierbei eigentlich um eine rhetorische Figur handelt. Werden aber die Fremdwörterbücher angezweifelt und wird vermutet, dass man die Existenz der exotischen Blume verschleiern möchte, weil sie besondere Kräfte enthalte, die der Staat seiner Staatsmacht vorbehalten möchte, so wird es schwer, gemeinsame Kriterien für einen Austausch zu finden.

Praxisbeispiel

Wer glaubt, es gäbe eine »arische Rasse«, die anderen »Rassen« überlegen sei, wird vermutlich widersprechende biologische Ansätze als eine bloße Reproduktion demokratischer Ideologien gegen den Nationalsozialismus ansehen und widersprechende Beispiele zu Ausnahmen deklarieren oder in Frage stellen. In vielen Fällen wird man solche Menschen auf einer anderen Ebene erreichen können: Die Hinwendung zur nationalsozialistischen Rassenlehre kann Ausdruck von Ängsten, Wut, Einsamkeit oder anderen Emotionen sein, aufgrund derer diese Lehre angenommen wurde. Es mag aber auch Fälle geben, in denen die Überzeugung von der Lehre so verfestigt ist, dass es an einer Argumentationsbasis fehlt.

Praxisbeispiele für misslungene Anschlüsse

1. Sozialarbeiter Henning gibt einer schwer depressiven Klientin den Tipp, Sport zu treiben. Auch versucht er, ressourcenorientiert zu verdeutlichen, dass die Klientin sehr intelligent sei, gut aussehe, jung sei, viele Freundinnen und Freunde und daher eine rosige Zukunft zu erwarten habe. Hier übersieht Henning, dass gerade das Hervorheben der Ressourcen den Zustand verschlimmern kann, weil sich die depressive Person ob der Grundlosigkeit ihrer Freud- und Hoffnungslo-

sigkeit noch schlechter fühlt. Die Ursache einer Depression ist aber in der Regel nicht ein unrealistischer Blick auf die eigenen Ressourcen. Vielfach spielen neurobiologische Aspekte eine Rolle, die mit medikamentöser Unterstützung zu behandeln sind. Und auch wenn Sport hilfreich sein kann, ist der bloße Hinweis auf sportliche Aktivitäten sicherlich nicht ausreichend, um die tiefliegende Antriebslosigkeit zu überwinden.

2. Inka ist Mitarbeiterin der Jugendgerichtshilfe. Brian ist 15 Jahre alt und zum wiederholten Mal wegen Diebstahls angeklagt. Inka erklärt Brian, wie sehr ihn die strafrechtlichen Verfahren daran hindern können, den Schulabschluss zu bewältigen und einen Ausbildungsplatz zu erhalten. Die Argumente können natürlich passen, doch oftmals denken pubertierende Jugendliche mit einer Neigung zu Diebstählen eher gegenwartsbezogen als zukunftsbezogen. Wenn Brian eine Gelegenheit zum Diebstahl entdeckt, denkt er vermutlich eher daran, wie es wäre, den Gegenstand zu besitzen, als daran, wie ein späteres Strafverfahren ablaufen könnte. Daher werden Brian eher gegenwartsbezogene Argumente erreichen als Argumente, die sich auf eine weiter entfernte Zukunft richten. Es könnte z.B. besprochen werden, wie »uncool« einige seiner Freundinnen und Freunde die Diebstähle finden, wie besorgt seine Eltern sind, wie es ihm ginge, wenn ihm etwas gestohlen würde etc. Zum Zusammenhang von gegenwartsbezogenem Denken und Delinquenz siehe auch Zimbardo (2009, 124 ff.).

3. Marko ist in der Jugendgerichtshilfe tätig. In einer Gerichtsverhandlung seines 19-jährigen Klienten Max geht es um die Frage, ob dieser als Heranwachsender noch unter das Jugendstrafrecht fällt oder nicht. Max hatte einer älteren Dame die Handtasche weggerissen und dabei noch ein Klappmesser in der Tasche gehabt, welches er nicht benutzen wollte. Marko führt in seiner Stellungnahme aus, er habe gelesen, dass es sich aufgrund des Mitführens des Messers um einen schweren Raub handeln würde, der nach dem Erwachsenenstrafrecht mit einer Freiheitsstrafe nicht unter drei Jahren zu bestrafen sei (§ 250 Abs. 1 Nr. 1a StGB [Strafgesetzbuch]). Das sei aber völlig übertrieben, weil Max ja das Messer gar nicht nutzen wollte. Auch dürfe man einen 19-Jährigen nicht gleich für drei Jahre ins Gefängnis bringen.
Die Argumente von Marko sind für das Gericht vollkommen irrele-

vant. Letztlich kritisiert Marko hier die vom Gesetzgeber vorgesehenen Strafrahmen und Altersregelungen. In § 105 Abs. 1 JGG (Jugendgerichtsgesetz) sind genau zwei Gründe geregelt, warum bei Heranwachsenden ausnahmsweise Jugendstrafrecht (und damit ein deutlich flexiblerer und geringerer Sanktionsrahmen) angewendet werden kann. Entweder ist die Tat jugendtümlich (z. B. eine Mutprobe), was hier eher fraglich ist, oder Max ist in seiner Entwicklung noch einem Jugendlichen gleichzustellen. Hierzu hätte Marko anführen müssen, ob Max z. B. noch bei den Eltern lebt, über kein eigenes Einkommen verfügt, keine feste Beziehung eingegangen ist, eher jugendtümlichen Aktivitäten nachkommt etc. Marko verpasst hier seine Chance, auf die Gründe in § 105 JGG einzugehen. Seine vorgebrachten Argumente sind in diesem Gerichtsverfahren nicht anschlussfähig.

Praxisbeispiele für gelungene Anschlüsse

1. In einem brennenden Haus versucht ein Polizist die noch im Haus befindlichen Menschen zu evakuieren. Ein alter Herr bleibt im brennenden Haus stehen und widersetzt sich allen Aufforderungen des Polizisten, die Treppe hinabzusteigen. Offenbar verwirrt und verängstigt ruft er nur, er könne nicht weiter gehen, weil dort unten die »Krake« sei. Der Polizist reagiert intuitiv, indem er in die Luft greift und ein Wegschleudern des Ergriffenen vorspielt. Dabei ruft er ihm zu: »Ich werfe die Krake jetzt weg!« Der Mann hat daraufhin das Haus verlassen. Hier handelt es sich auch um eine Form von Validation, weil die Ängste des alten Herrn ernstgenommen und validiert werden. Eine Konfrontation mit dem Ziel, den alten Mann davon zu überzeugen, dass hier gar keine Krake sei, wäre sicherlich wenig zielführend gewesen und hätte das Vertrauen des Manns in den Polizisten erschüttert.

2. Aslan ist ein 16-jähriger türkischer Junge, der schon mehrfach aufgrund seines türkischen Aussehens und seines starken Akzents im Deutschen von ausländerfeindlichen Jugendlichen schikaniert wurde (so wurde er beschimpft, ihm wurde auf sein Pausenbrot gespuckt, er wurde getreten etc.). Aslan ist sehr verärgert und äußert gegenüber der Schulsozialarbeiterin Sophie: »Die müsste man alle abknallen!« Sophie antwortet: »Du hast recht, Dir nicht alles bieten zu lassen. Das Ver-

halten der anderen Jugendlichen können wir nicht dulden. Lass und mal gemeinsam ein gutes Vorgehen besprechen, damit das nie wieder vorkommt.« Sophie reagiert nicht schockiert auf »abknallen«, sondern versteht dies als einen Ausdruck starker emotionaler Empörung. Sicherlich wird man eine solche Aussage ernster nehmen müssen, wenn Aslan in irgendeiner Weise unzugänglich auf Vorschläge von Sophie reagiert, gar keine Freunde hat, vielleicht sogar Zugang zu Waffen etc. Aber nicht jede gewalttätige Sprache signalisiert einen Tötungsplan. Sofern Aslan im Gespräch mit Sophie offenbleibt, gelingt es Sophie, die Wut von Aslan ernst zu nehmen. Sie validiert den zustimmungsfähigen Kern seiner Aussage: Grenzen setzen und die Schikane beenden. Dann wechselt sie kontinuierlich zu einer verbindenden Sprache. Nach »*Du* hast recht …« spricht sie von »können *wir* nicht dulden«, um dann ein *gemeinsames* Vorgehen zu besprechen. Das ermöglicht es ihr, mit Aslan in Kontakt zu bleiben. Aslan benötigt dringend emotionale Unterstützung. Eine Zurechtweisung, Gewalt sei keine Antwort, Waffen seien nicht zulässig und eine Tötungsabsicht müsse sie melden, würden den Kontakt zu Aslan brechen und ihn eher in eine Isolation und Aggressivität bringen als das Vorgehen von Sophie.

3. Martha, 88 Jahre alt, ist demenziell erkrankt und befindet sich in einem Pflegeheim. Da sie nachts öfter aufwacht, in der Dunkelheit desorientiert ist und ohne ihren Rollator versucht, das Heim zu verlassen, wird erwogen, Bettgitter aufzustellen, die ihre nächtlichen Ausflüge verhindern. Auf diese Weise soll Martha vor Stürzen geschützt werden, die schon mehrfach vorgekommen sind. Die Angehörigen von Martha kommen mit der Heimleitung überein, dass nächtlich Bettgitter aufgestellt werden sollen. Die rechtliche Betreuerin Tina wurde Martha vom Gericht zugeteilt. Sie wird trotz ihrer Ausbildung zur Sozialarbeiterin weder von der Familie noch von der Heimleitung ernst genommen, weil sie erst 26 Jahre alt ist. Tina möchte das Aufstellen der Bettgitter verhindern, weil sie weiß, wie wichtig Martha ihre Bewegungsfreiheit ist. Gegenüber den Angehörigen betont sie daher den Freiheitsdrang von Martha und fragt explizit, ob Martha nicht ihrer Erfahrung nach das Freiheitsempfinden wichtiger sei als der Schutz vor ein paar Stürzen. Gegenüber der Heimleitung betont sie, dass die Bettgitter eine freiheitsentziehende Maßnahme wären, die nur

unter strengen Voraussetzungen mit einer Genehmigung des Betreuungsgerichts zulässig sei (§ 1831 BGB [Bürgerliches Gesetzbuch]). Tina gelingt es, ihre Argumentation an die jeweiligen Adressat*innen anzupassen. Eine rechtliche Belehrung der Angehörigen hätte diese vermutlich eher verärgert als überzeugt. Ebenso hätte die Heimleitung vermutlich kein Interesse an einer Belehrung über Marthas Wünsche. Gegenüber den Angehörigen hat Tina gezeigt, wie gut sie Martha kennengelernt hat. Der Heimleitung macht sie deutlich, dass sie über die Rechte der betreuten Person gut informiert ist. In beiden Fällen hat sie sich vermutlich Respekt verschafft und kann davon ausgehen, dass ihre Argumente Berücksichtigung finden.

6.3 Einzelne Argumentationsformen

Es gibt unzählige Argumentationsformen. Trotzdem werden bestimmte Formen häufiger als andere benutzt. In diesem Abschnitt werden einige der bekannteren Formen vorgestellt und auf ihre Überzeugungskraft hin besprochen.

6.3.1 Argumentum ad hominem

Das argumentum ad hominem ist ein Argument, welches sich gegen eine andere Person richtet und nicht gegen den Inhalt dessen, was sie vorgebracht hat. Sein Ruf ist schlecht. Es wird von Schopenhauer als ein unseriöser Kunstgriff angesehen (Schopenhauer 1995, Kunstgriff 16) und von Erdmann unter der Überschrift »Unsachliche Kampfweise« beschrieben (Erdmann 1982, 48). Daran ist zutreffend, dass mit dem Angriff auf eine Person eine sachliche Auseinandersetzung nicht erfolgt. Insofern kann das argumentum ad hominem genutzt werden, um vom Inhalt des Argumentes abzulenken. Walton (1992, 191 ff.) weist jedoch zutreffend darauf hin, dass das Argument keineswegs immer unbeachtlich bleiben sollte. So erwarten wir z. B. von anderen Menschen eine gewisse Konsistenz und können ihnen über das argumentum ad hominem z. B. Inkonsistenz vorwerfen. Das argumentum ad hominem greift stets das Ethos des bzw. der Redner*in an.

Praxisbeispiel

Bertram sieht, wie Hayat ihr Kind ohrfeigt, und meint zu ihr: »Man sollte sein Kind nicht schlagen!« Darauf erwidert Hayat genervt: »Das lasse ich mir nicht von jemandem sagen, der Frau und Kind verlassen hat!«

Hayats Erwiderung ist ein klassisches argumentum ad hominem. Es geht nicht auf die Frage ein, ob und unter welchen Umständen Kinder geschlagen werden dürfen. Sie greift vielmehr die moralische Integrität von Bertram an und damit sein Ethos. Problematisch an dem Argument ist, dass Hayat sich einer sachlichen Auseinandersetzung entzieht. So ist die Aussage, Kinder sollten nicht geschlagen werden, unabhängig davon gültig, wie Bertram lebt.

Allerdings kann Hayats Erwiderung auf einer ganz anderen Ebene sehr wohl als ein zulässiges Argument angesehen werden. Die Aussage von Bertram mag eine sachlich zutreffende Komponente enthalten. Je nach Kontext und Form der Äußerung kann sie aber auch als ein moralischer Vorwurf an Hayat angesehen werden – ein Vorwurf, mit dem sich Bertram über Hayat stellt. Wenn Bertram nun tatsächlich Frau und Kind verlassen hat und möglicherweise der Grund dafür gewesen ist, dass es Bertram zu anstrengend wurde, sich auf eine Familie einzulassen, ist sein moralischer Standpunkt fragwürdig. Er ist offenbar der Verantwortung für das Großziehen eines Kindes entgangen und hat sich nie den Stresssituationen ausgesetzt, aus denen heraus sich Hayat zur Ohrfeige hat hinreißen lassen. Das ändert zwar nichts an der Tatsache, dass Kinder nicht geschlagen werden dürfen. Ihr Argument richtet sich aber dann nicht auf diese Tatsache, sondern auf die vermeintliche moralische Überlegenheit von Bertram, die Hayat mit ihrem Argument überzeugend in Frage stellt.

Ist man selbst mit einem argumentum ad hominem konfrontiert, ist es oftmals ratsam, dieses von der sachlichen Ebene der Argumentation zu trennen. Ansonsten besteht die Gefahr, in eine Rechtfertigungsposition zu geraten, die nichts mit den eigentlichen Argumenten zu tun hat.

Praxisbeispiel

In einer 9. Klasse haben ein paar Mitschüler Messer mit in die Schule gebracht. Die Schulsozialarbeiterin Heike stellt sich daraufhin vor die ganze Klasse und bespricht die Problematik, Waffen zu benutzen. Daraufhin sagt der Mitschüler

Axel: »Sie haben doch selbst mal gesagt, dass Sie manchmal Pfefferspray dabeihaben!«

Heike: »Das ist etwas ganz anderes. Pfefferspray dient nur dem Selbstschutz und verletzt andere Menschen nicht.«

Axel: »Mein Messer habe ich auch nur zum Selbstschutz. Und wenn man jemandem Pfefferspray in die Augen spritzt, kann man sogar erblinden!«

Axel nutzt ein argumentum ad hominem. Heike begeht einen Fehler, wenn sie auf das Argument eingeht. Die Diskussion kreist nun darum, ob ein Vergleich zwischen Pfefferspray und Messern zulässig ist, und lenkt vom eigentlichen Problem ab. Es wäre hier vermutlich besser gewesen, wenn Heike das argumentum ad hominem abgewehrt hätte, z. B. mit den Worten: »Axel, Du hast recht. Manchmal führe ich ein Pfefferspray bei mir. Ob man das mit einem Messer vergleichen kann, können wir später besprechen. Vielleicht begehe ich auch Fehler. Ich würde jetzt aber erst einmal gerne hören, was Ihr zum Mitbringen von Messern in den Schulunterricht denkt, nachdem ich Euch meine Argumente genannt habe.« Sollte Axel aufrichtig nicht verstehen, worin der Unterschied in seinem Verhalten und dem Verhalten von Heike besteht, wäre es denkbar, hier genauer darauf einzugehen. Allerdings ist die Wahrscheinlichkeit groß, dass Axel nur ablenken wollte.

6.3.2 Dammbruchargument

Wer schon einmal eine Hochwasserkatastrophe gesehen hat, wird wissen, dass ein leichter Bruch im Damm schnell zu einer Katastrophe führt, weil das aus einem kleinen Bruch austretende Wasser mit großer Kraft dem Damm immer weiter aufreißt und das Wasser durch den immer größer werdenden Dammbruch unaufhaltsam hinaus fließt.

Das »Dammbruchargument« versucht nun, eine solch gefährliche Situation zu schildern, wenn man erst einmal einen ersten Schritt in eine vermeintlich falsche Richtung getan hat. Walton (2006, 107) hat es in etwa wie folgt schematisiert:

1. Wenn A_0 getan wird (z. B. ein bestimmter Vorschlag angenommen wird), dann wird A_0 vermutlich zu A_1 führen. A_1 führt dann zu A_2 etc. bis A_n.
2. A_n ist ein schreckliches und definitiv zu vermeidendes Übel.
3. Daher sollte A_0 nicht angenommen werden.

Teilweise wird das Argument auch als »Dominoeffekt« beschrieben: Wenn der erste Dominostein fällt, stößt er den nächsten um, der den nächsten umstößt – bis alle Steine unaufhaltsam gefallen sind. Im Englischen wird das Argument als slippery slope verbildlicht – als rutschiger Abhang: Ein falscher Schritt und man rutscht den ganzen Abhang hinunter. In der Kriminologie wird die »broken window«-Theorie diskutiert, die ebenfalls auf einem Dammbruchargument beruht: Ein zerbrochenes und nicht kurzfristig repariertes Fenster lädt zu weiterer Zerstörung und Vandalismus ein (Wilson, Kelling 1982).

Man merkt an all den metaphorischen Bezeichnungen, dass das Dammbruchargument stets schlimme Konsequenzen in Aussicht stellt. Es versucht daher, Ängste bei anderen Menschen zu wecken und sie davon abzubringen, den ersten Schritt in die vermeintlich falsche Richtung zu gehen. Insofern hat es eine Verwandtschaft mit dem argumentum ad baculum, dem »Argument mit dem Stock«. Beim argumentum ad baculum wird mit negativen Konsequenzen gedroht. Da bei einer Drohung im Gegensatz zu einer Warnung die das Argument aussprechende Person eine vermeintliche Macht über das Eintreten der negativen Konsequenzen hat, handelt es sich um ein anderes Argument als das Dammbruchargument. Wenn ich einen Stock schwinge, drohe ich mit dem Schlagen. Wenn ich hingegen den kleinen Dammbruch sehe, drohe ich nicht mit der Vergrößerung des Bruches, sondern antizipiere diesen lediglich und warne vor den negativen Konsequenzen (Walton 1982, 180f., 242f. unterscheidet allerdings anders).

Das Dammbruchargument ist nicht zwingend logisch. Wie plausibel es ist, kommt sehr auf den Einsatz an und darauf, wie wahrscheinlich der Eintritt der schlimmen Konsequenzen ist.

»Wenn Du Dir nicht die Zähne putzt, wirst Du an Karies erkranken und Dir stehen schmerzhafte Besuche beim Zahnarzt bevor!« Unabhängig von der pädagogischen Qualität der Aussage ist dieses Argument relativ plausibel, sofern es sich nicht lediglich um eine einmalige Nachlässigkeit handelt.

Zweifelhaft ist hingegen: »Ja, ja, mit Wasserpistolen fängt es an. Wenn man erst einmal die Hemmung überwunden hat, auf Menschen zu schießen, steht die Karriere als Serienmörder schon bevor!«

Praxisbeispiel

Nina ist zwölf Jahre alt und lebt nach dem Tod ihrer Mutter seit zwei Jahren allein mit ihrem Vater. Ihr Vater hat Nina schon mehrfach geschlagen (Ohrfeigen und einmal wurde sie gegen eine Wand geschubst). Das Jugendamt wurde informiert und da der Vater trotz mehrerer Erziehungsberatungen immer wieder seine Tochter geohrfeigt hat, beantragt die im Jugendamt zuständige Sozialarbeiterin einen Sorgerechtsentzug hinsichtlich des Aufenthaltsbestimmungsrechts von Nina. Ihr Ziel ist es, Nina in eine Pflegefamilie geben zu können.

Vor Gericht argumentiert sie: »Wenn Nina beim Vater bleibt, ist sie weiterhin seinen Schlägen ausgesetzt. Sie wird den Eindruck haben, von keiner Person von diesen Schlägen geschützt zu werden. Diese Hilflosigkeit führt, wie wir aus den Studien von Martin Seligman wissen, zu Depression. Nina wird psychisch krank, wird nicht arbeiten können und nie aus einer Abhängigkeit von anderen Menschen gelangen.«

Der Anwalt des Vaters argumentiert: »Nach dem Tod der Mutter ist für Nina der Vater die einzig verbliebene Bindungsperson. Wenn ihr diese Bindungsperson nun auch noch genommen wird, wird sie das komplett destabilisieren. Fraglich ist, ob sie ganz ohne Bezugsperson überhaupt noch einen Lebenswillen hat. Wer will die Verantwortung dafür übernehmen, wenn sie ihrem Leben ein Ende setzt?«

Die Überzeugungskraft der Argumente hängt sicherlich von vielen hier nicht weiter bekannten Faktoren ab, z. B.: Wie ist die Beziehung zwischen Nina und ihrem Vater insgesamt? Gibt es auch liebevolle Interaktionen? Wünscht sich Nina Kontakt zum Vater? Was wurde in der Erziehungsberatung bereits versucht? Aus welchen Gründen kommt es zur Gewaltanwendung und lassen sich diese Gründe beseitigen?

Die Argumentation der Sozialarbeiterin ist nur plausibel, wenn sich Nina tatsächlich hilflos fühlt. Selbst dann ist die Entwicklung einer Depression nicht zwingend. Insbesondere sind auch nicht alle Menschen, die einmal an Depression erkranken, lebenslang abhängig von anderen Menschen bzw. arbeitsunfähig. Spätestens an diesem Punkt wird das Argument hochgradig unplausibel.

Beim Anwalt hängt hinsichtlich der Plausibilität viel von der Beziehung von Nina zu ihrem Vater ab. Eine »komplette Destabilisierung« ist sehr ungenau, doch wäre bei einer grundsätzlich guten Beziehung zwischen Vater und Tochter eine gewisse »Destabilisierung« im Sinne von Stress und Überforderung denkbar. Dass diese dann anhält und auch noch zum Suizid führt, ist allerdings sehr fragwürdig. Insbesondere wird gar nicht beachtet, dass natürlich auch bei einem Sorgerechtsentzug gewisse Umgangsrechte bestehen können, wenn sie mit dem Kindeswohl vereinbar sind.

6.3.3 Naturalistischer Fehlschluss

Der naturalistische Fehlschluss bezeichnet einen unzulässigen Rückschluss von einem »Sein« auf ein »Sollen«. Die Formulierung stammt von George Edward Moore (1996, Rdnr. 10 ff.) zu Beginn des 20. Jahrhunderts.

Die Problematik des Schlusses wurde aber bereits von David Hume erkannt (Hume 2000, Buch 3, 1. Teil, Rdnr. 27).

Was halten Sie z.B. von dem folgenden Argument: »Menschen sind gerne frei. Deshalb sollten Menschen nicht eingesperrt werden.«

Hier ist schon die Prämisse »Menschen sind gerne frei« sehr vage. Nicht jede Form von Freiheit ist angenehm. Gewisse Vorgaben und Festlegungen sind hilfreich, um Orientierung zu schaffen, schränken die Freiheit aber ein. So steht es Ihnen nicht frei, Ihre Bachelorarbeit so zu schreiben, wie Sie wollen: Es gibt Vorgaben zu Formalien, Seitenzahlenbeschränkungen etc., die Ihre Freiheit einschränken, jedoch auch als eine willkommene Orientierung dienen können. Auch hinsichtlich der Notenvergabe sind die Lehrenden nicht ganz frei, sondern müssen sich an einige Vorgaben halten. Das kommt Ihnen hinsichtlich der Orientierung auch zugute.

Unabhängig von diesem Problem ist aber auch fraglich, ob man einem bestehenden Freiheitsdrang des Menschen (»Sein«) tatsächlich nachkommen sollte (»Sollen«). Es mag dafür Gründe geben, doch nicht jedem Wunsch eines Menschen ist nachzukommen. Ansonsten käme man zu absurden Ergebnissen: »Kinder essen gerne Schokolade. Daher sollte man ihnen Schokolade geben.«, »Menschen zahlen ungern Steuern. Daher sollte man keine Steuern erheben.« etc.

Der Schluss vom Sein auf ein Sollen ist nicht immer fehlerhaft, jedoch begründungsbedürftig. So ist in der Ethik weitgehend anerkannt, dass ein »Sollen« ein »Können« impliziert: Man kann nur das vorschreiben, was möglich ist. Unmögliches darf nicht verlangt werden. Damit schließe ich zwar auch von einem Sein auf ein Sollen, doch handelt es sich in diesem Fall nicht um einen Fehlschluss, sondern um einen einleuchtenden Grundsatz.

In anderen Fällen bedarf es zumindest Übergangsregelungen, die den Schluss vom Sein auf ein Sollen rechtfertigen. Was halten Sie von dem Argument »Kleinen Kindern sollte man keine scharfen Messer geben, da sie andere Menschen damit verletzen könnten.«?

Das Argument ist sicherlich nicht falsch, doch bleiben einige Prämissen unausgesprochen, weil sie als selbstverständlich (oder auch »allgemein bekannt«) angesehen und daher nicht explizit benannt werden (es handelt sich daher um eine enthymematische Argumentation). Vollständig würde

das Argument lauten:
P 1: Scharfe Messer können andere Menschen verletzen.
P 2: Kleine Kinder sind im Umgang mit scharfen Messern ungeübt und können die von ihnen ausgehenden Gefahren nicht gut abschätzen.
P3: Wer die von scharfen Messern ausgehenden Gefahren nicht gut abschätzen kann, wird bei ihrer Nutzung mit größerer Wahrscheinlichkeit andere Menschen verletzen als eine Person, die zur korrekten Gefahreneinschätzung in der Lage ist.
P4: Man sollte andere Menschen nicht verletzen.
K: Daher sollten kleine Kinder keine scharfen Messer benutzen.

Es handelt sich hierbei nicht um einen naturalistischen Fehlschluss, weil P4 bereits ein »Sollen« enthält, also eine normative Prämisse ist. Es wird daher nicht nur von deskriptiven Prämissen (dem »Sein«) eine normative Schlussfolgerung (dem »Sollen«) getroffen, wie es für den naturalistischen Fehlschluss üblich ist.

Praxisbeispiel

Anton und Berta diskutieren über Homosexualität.

A: »Du musst doch schon zugeben, dass Homosexualität nicht normal ist. Das heißt ja nicht, dass man Homosexuelle ausgrenzen sollte, aber Sexualität dient der Fortpflanzung und der Arterhaltung. Daher ist Homosexualität ein Fehler der Natur. Wären alle Menschen homosexuell, wären die Menschheit schon ausgestorben.«

B: »Das ist völlig falsch, was Du sagst, Homosexualität ist keineswegs anormal. Im Gegenteil gibt es viele Tierarten, die sich homosexuell verhalten. Affen, Libellen, Elefanten, Giraffen, Löwen – sie alle haben gleichgeschlechtlichen Sex. Das ist ganz normal!«

A begeht hier einen klassischen naturalistischen Fehlschluss. Er schließt von einem Sein (Fortpflanzung bedarf der Heterosexualität – jedenfalls beim Menschen) auf ein Sollen. Den Übergang zum Sollen schafft er über die Annahme, der Artenerhalt sei anzustreben. Selbst wenn seine Prämissen stimmen sollten, wird hier suggeriert, Homosexualität hätte das Aussterben des Menschen zur Folge. Das ist unzutreffend, da Homosexualität neben der Heterosexualität bestehen kann. Durch Homosexualität kommt die Heterosexualität nicht zum Erliegen. Darüber hinaus gibt es viele homosexuelle Paare, die Kinder großziehen. Es ist fraglich, ob die Arterhaltung nur auf den Zeugungsakt reduziert werden sollte oder auch auf die Übernahme von Verantwortung für das Großziehen des Nachwuchses. Schließlich wird hier »Normalität« auch mit »Normativität« verbunden, was keineswegs selbstverständlich ist. Selbst wenn Homosexualität nicht »normal« sein sollte, bedeutet es nicht, dass sie problematisch ist. Ein Intelligenzquotient von 130 ist ebenfalls nicht »normal« im Sinne von »gängig« oder »üblich«. Trotzdem wäre es absurd, das Abweichen von der Norm in diesem Fall negativ zu konnotieren.

B begeht leider ebenfalls einen naturalistischen Fehlschluss. Sie beginnt jetzt, Homosexualität aus dem Tierreich als Argument dafür heranzuziehen, dass Homosexualität »normal« sei. Damit übernimmt sie die von A implizierte Verbindung von Normalität und Normativität. Das wird von Schneider (2023, 98f.) gut auf den Punkt gebracht:

> »Die Diskriminierung von homosexuellen Menschen ist in einer liberalen demokratischen Gesellschaft unzulässig, weil sie die Freiheit und Gleichheit des Individuums vor dem Gesetz unterminiert und nicht, weil es einen schwulen Löwen gibt und einen lesbischen Kanarienvogel. Wer seine moralischen Werte an biologische Erkenntnisse bindet, macht sich zum Geisel dieser Erkenntnisse: Falls sie sich ändern, sind wir gezwungen, unsere Werte anzupassen.«

6.3.4 Dilemmata und Dilemmafiktionen

Ein Dilemma ist eine Situation, in der man zwischen zwei ähnlich unangenehmen Alternativen wählen muss. Die Drohung »Geld oder Leben« ist in der Regel kein Dilemma, weil das Leben deutlich mehr wert ist als das Geld und die Entscheidung daher nicht allzu schwerfallen sollte. Ob man mit offener Hose zur Arbeit gehen sollte oder zu spät zur Arbeit erscheint, um den gerade abgerissenen Hosenknopf noch anzunähen, wird sicherlich von verschiedenen Faktoren abhängen: Wie wichtig ist die Pünktlichkeit, wie gut kennt man die Mitarbeitenden, wie offensichtlich ist der abgefallene Knopf etc. Werden die Alternativen als weitgehend gleichwertig eingeschätzt, handelt es sich um ein Dilemma.

Dilemmata sind vielfach Situationen, in denen Argumentation erforderlich ist, um zu einer Entscheidung zu kommen. Sie kommen in der Praxis häufig vor: kontrollieren oder vertrauen, Grenzen setzen oder nachgiebig sein, Vertraulichkeit wahren oder wichtige Informationen weitergeben, Hilfe anbieten oder die Eigenverantwortung stärken etc. Argumente können helfen, eine Entscheidung zu treffen, weil argumentativ die eine oder andere Alternative als besser dargestellt werden kann.

Eine Dilemmafiktion ist eine Situation, in der nur vermeintlich ein Dilemma besteht. Im Gespräch muss man bei der Konfrontation mit einem scheinbaren Dilemma stets überdenken, ob es tatsächlich ein Dilemma ist. Oftmals handelt es sich um eine künstliche Engführung von Möglichkeiten, wodurch der Blick auf weitere Optionen verloren geht.

Praxisbeispiel

In einer Schulkonferenz wird darüber diskutiert, ob der Schulaufsichtsbehörde die Überweisung von Camillo (14 Jahre alt, 8. Klasse) in eine andere Schule empfohlen werden soll (umgangssprachlich ein »Schulverweis«), nachdem er sich zum wiederholten Mal in der Schule geprügelt hat und trotz dreifacher Verwarnung erneut einen Schlagring mitgebracht hatte. Ein Mitglied der Schulkonferenz meint: »Camillo hat mehrfache Verwarnungen erhalten und diese schlicht ignoriert. Entweder tolerieren wir das Mitführen von Waffen und die Bedrohung anderer Schüler oder wir müssen ein Zeichen setzen und ihn der Schule verweisen. Das ist letztlich die Frage: Geht es um ihn oder um die Sicherheit der Mitschüler?«

Es passiert schnell, dass man in angespannten komplexen Situationen nach einer Vereinfachung strebt. Die hier vorgenommene Vereinfachung blendet einige Möglichkeiten aus. Wenn sich Camillo lediglich mit bestimmten Personen aus seiner Klasse prügelt, wäre eventuell eine Versetzung in eine andere Klasse denkbar, um die Klassendynamik zu ändern. Möglicherweise könnten anstelle einer Verwarnung auch Gespräche mit Camillo geführt werden, um zu klären, woher seine Aggression kommt und ob man mit ihm einen alternativen Umgang mit der Aggression einüben kann (was z. B. verhaltenstherapeutisch geschehen könnte). Auch könnte geklärt werden, ob eventuell eine Erziehungsberatung familiäre Ursachen für die Aggression beheben kann. Als Sanktion wäre eventuell auch ein temporäres Schulverbot als milderes Mittel zu einem Schulverweis denkbar. Camillo könnte in den Pausen bestimmte Aufgaben erhalten, um ihn von anderen Mitschülern fernzuhalten etc.

Man merkt, wie schnell der Blick auf solche Optionen verloren geht, wenn man ein vermeintliches Dilemma vorbringt. Wichtig ist, in solchen Situationen den Blick für weitere Optionen zu öffnen und nicht mit einem »Gegendilemma« das Gespräch zu eskalieren: »Entweder stellen wir uns unserer pädagogischen Verantwortung gegenüber Camillo oder wir resignieren schlicht und geben sie an kompetentere Menschen ab. Ich für meinen Teil möchte Verantwortung übernehmen!« Mit dieser Aussage wird suggeriert, dass ein Schulverweis einem pädagogischen Versagen gleichkommt, obwohl dieser auch ein Mittel sein kann, Camillo eindringlich seine Grenzverletzung deutlich zu machen und ihm an einer neuen Schule mit neuen Bezugspersonen einen besseren Start zu ermöglichen. Auch diese Polarisierung engt daher das Denken ein und ist argumentativ fragwürdig.

6.3.5 Definitionen

Der Einsatz von Definitionen beim Argumentieren ist hilfreich, wenn man verstehen möchte, wie eine bestimmte Begriffsverwendung gemeint ist. Eine Begriffsklärung kann Missverständnissen vorbeugen und verhindern, dass man aneinander vorbeiredet (siehe hierzu z. B. Kienpointner 1996, 83 ff.).

Praxisbeispiel

Bettina und Soraya arbeiten als Erzieherinnen in der Kita. Es wurde entschieden, die Kinder an der Entscheidung zum Mittagessen partizipieren zu lassen. Soraya ist der Ansicht, man müsse die Entscheidung der Kinder für Eierkuchen mit Nutella respektieren, wenn man die Entscheidung für Partizipation ernst nehme. Bettina hingegen meint, mit »Partizipation« sei nicht gemeint, dass die Kinder allein entscheiden. Es reiche aus, ihre Wünsche zu erfragen und bei einer Entscheidung der Erzieher*innen zu berücksichtigen. Hier ergibt es Sinn, zunächst zu klären, was mit »Partizipation« gemeint ist.

Allerdings kann die Verwendung von Definitionen aus verschiedenen Gründen auch problematisch sein. Diese Probleme werden hier erläutert, weil sie in Diskussionen häufig relevant sind und unbeachtet zu großen Missverständnissen führen können.

Fehlende Differenzierung zwischen Nominal- und Realdefinition

Das Problem kann auftreten, wenn suggeriert wird, eine vorgebrachte Definition sei die einzig gültige bzw. das einzig »wahre« Verständnis eines Begriffs.

Praxisbeispiel

Im Beispiel von Bettina und Soraya könnte Bettina z. B. behaupten, »Partizipation« bedeute so viel wie »Anteil haben«, und durch die Diskussion mit den Kindern hätten diese Anteil an der Entscheidung – insbesondere, wenn es dann auch Eierkuchen gibt (nur eben mit herzhafter Füllung). Soraya hingegen erwidert, wer seine Meinung nur äußern kann, diese Meinung dann aber nicht gehört wird, partizipiert nicht.

Die Diskussion von Bettina und Soraya kann auf dieser Ebene schwerlich konstruktiv weitergeführt werden. Es gibt unterschiedliche Möglichkeiten, »Partizipation« zu verstehen.

In der Regel handelt es sich bei Definitionen um eine Nominaldefinition. Nominaldefinitionen kann man als Wortdefinitionen bezeichnen (Seiffert 1980, 46). Sie setzen fest, wie ein Wort in einem bestimmten Kontext verstanden werden soll, also welche Bedeutung ihm gegeben werden soll. Dadurch können sie nicht wahr oder falsch sein, sondern nur zweckmäßig oder unzweckmäßig (Gabriel 1995, 439). Die Nominaldefinition ist eine mehr oder weniger willkürliche Feststellung *für* eine Sprache.

Definitionen können aber auch mit dem Anspruch aufgestellt werden, etwas über das Wesen der Sache auszusagen. Sie heißen dann Realdefinition. Realdefinitionen können im Gegensatz zu Nominaldefinitionen richtig oder falsch sein, weil sie etwas *über* die Sprache aussagen. Man kann sie Sachinformationen nennen. Die Unterscheidung ist wichtig, denn während ich nur die Zweckmäßigkeit einer Nominaldefinition in Frage stellen kann, geht es bei einer Realdefinition um die Frage, ob die Definition zutrifft oder nicht (Savigny 1970, 22 ff.).

Praxisbeispiel

Wendet man die hier eingeführte Unterscheidung auf das oben genannte Beispiel von Bettina und Soraya an, kann schnell geklärt werden, an welcher Stelle zwischen beiden die Meinungsverschiedenheit aufgekommen ist. Ihre vorgebrachten Argumente klingen so, als würden Feststellungen über die Sprache getroffen. Wenn das der entscheidende Punkt ist, kann man ein Fremdwörterbuch konsultieren und feststellen, dass »Partizipation« in der Regel mit »Teilhabe« oder »Beteiligung« übersetzt wird. Jetzt müssten natürlich diese Begriffe definiert werden. Im politischen Kontext wird man sehen, dass es neben der hohen Beteiligungsform der Mitentscheidung noch ganz andere Formen der Beteiligung gibt: Informationsrecht, Anhörungsrecht, Vorschlagsrecht etc. Insofern ist es nicht ausgeschlossen, von Partizipation zu sprechen, wenn die Kinder zwar nicht mitentscheiden können, ihre Wünsche aber angehört werden. Soraya mag einwenden, dass allgemeine Definitionen zur politischen Beteiligung nicht auf den Kitakontext übertragen werden können. Hier könnte ein Blick in die UN-Kinderrechtskonvention helfen, in der die Partizipation von Kindern angedacht ist. Art. 12 und 13 der UN-Kinderrechtskonvention verdeutlichen, dass es bei der Partizipation vor allem um das Recht der Meinungsäußerung und um Informationsrechte geht. Art. 12 Abs. 1 der UN-Kinderrechtskonvention präzisiert, man soll die Meinung der Kinder entsprechend ihres Alters und ihrer Reife angemessen berücksichtigen. Diese offene Beschreibung würde für die jungen Kita-Kinder eher Bettinas Verständnis von Partizipation entsprechen.

Soraya kann aber auch ganz anders argumentieren. Sie kann behaupten, diese ganzen Ausführungen interessieren sie nicht, weil es im konkreten Fall nur um die Entscheidung um ein Essen ging und wenn man in diesem Zusammenhang von Partizipation spreche, ergebe es nur Sinn, den Kindern die Entscheidung einmalig zu überlassen. Ansonsten lernten die Kinder doch nicht, was Demokratie bedeutet, sondern lediglich, dass es egal sei, was sie entscheiden, weil diese Entscheidung dann doch wieder verworfen werde. Jetzt wandelt sich die Definition von Soraya. Es geht eher um die Zweckmäßigkeit des Verständnisses von Partizipation und nicht um den korrekten Sprachgebrauch. In diesem Fall kann man keine Realdefinitionen heranziehen. Es gibt die Möglichkeit, die Motivation für die Beteiligung der Kinder erneut zu diskutieren und die pädagogischen Vorzüge einer echten Entscheidungsmöglichkeit der Kinder mit den Risiken einer ungesunden Ernährung (oder auch altersbedingten Überforderungen bei der Entscheidung) abzuwägen. Formal könnte auch festgestellt werden, dass die gemeinsame Entscheidung zur Partizipation der Kinder offenbar unterschiedlich verstanden wurde und man daher die Entscheidung erneut treffen muss.

Das ausführliche Beispiel zeigt, wie mühsam es sein kann, die Ebenen von Nominal- und Realdefinition auseinanderzuhalten. Die Unterscheidung ist jedoch von Bedeutung, wenn man den Kern einer Argumentation verstehen möchte.

Das Definieren verkompliziert oder vereinfacht die Situation unangemessen

Wer mit kleinen Kindern arbeitet, wird wissen, wie schwer es fallen kann, Begriffe zu definieren, die wir täglich korrekt benutzen. So hat schon Augustinus zum Begriff »Zeit« angemerkt:

> »Was also ist ›Zeit‹? Wenn mich niemand danach fragt, weiß ich es; will ich einem Fragenden es erklären, weiß ich es nicht.« (Augustinus 1987, 629 [11. Buch]).

Das hängt damit zusammen, dass wir die Sprache als Kinder durch ihren Gebrauch erfahren und sich die einzelnen Begriffe durch den unterschiedlichen Gebrauch in ihrer Bedeutung immer mehr anreichern und verändern. Eine Definition versucht, den Begriff auf eine bestimmte Bedeutung festzulegen. Der Begriff hingegen kann in der Regel nur bezogen auf den Kontext verstanden werden. Dietrich Dörner zeigt dies am Beispiel des Begriffs »Universität«:

> »›Richtiges‹ Verstehen ist aufgrund der Mehrdeutigkeit der semantischen Grundrelationen sowieso nicht möglich. Was soll man denn bitte verstehen, wenn einer ›Universität‹ sagt? Ist ein Gebäude gemeint oder die entsprechende Institution in Bamberg oder der Gedanke der Humboldtschen Universität oder was?« (Dörner 2001, 603).

Nietzsche geht so weit zu behaupten, nur Begriffe ohne Geschichte ließen sich definieren. Hierzu führt er am Beispiel des Begriffs »Strafe« aus:

> »Was nun jenes andere Element an der Strafe betrifft, das flüssige, ihren ›Sinn‹, so stellt in einem sehr späten Zustande der Cultur (zum Beispiel im heutigen Europa) der Begriff ›Strafe‹ in der That gar nicht mehr einen Sinn vor, sondern eine ganze Synthesis von ›Sinnen‹, die bisherige Geschichte von Strafe überhaupt, die Geschichte ihrer Ausnützung zu den verschiedensten Zwecken, krystallisirt sich zuletzt in eine Art von Einheit, welche schwer löslich, schwer zu analysieren und, was man hervorheben muss, ganz und gar undefinierbar ist. (Es ist heute unmöglich, bestimmt zu sagen, warum eigentlich gestraft wird: alle Begriffe, in denen sich ein ganzer Prozess semiotisch zusammenfasst, entziehen sich der Definition; definirbar ist nur Das, was keine Geschichte hat.)« (Nietzsche 1988, 71 (2. Abhandlung Nr. 13)).

Geschichtlicher Bedeutungswandel an einem Beispiel

Der Begriff »diskriminieren« stammt aus dem Lateinischen »discriminare«, welches »trennen« bedeutet. Das Trennen ist erst einmal eine wertneutrale intellektuelle Tätigkeit, die bereits in der frühsten Kindheit in Form von Kategorienbildung vorgenommen wird und für das Lernen und die Sprachentwicklung von grundlegender Bedeutung ist.

Allerdings zeigt die Geschichte der Menschheit, dass Menschen sich gerne mit bestimmten Gruppen assoziieren und das Wir-Gefühl der Gruppe stets auch dazu führt, dass bestimmte andere Menschen nicht zur Gruppe gehören. Diese Abgrenzung ist zunächst auch erst einmal eine bloße Trennung. Leider kommt es vor, dass die Abgrenzung zu einer Aufwertung der eigenen Gruppenmitglieder bzw. einer Abwertung der Nicht-Gruppenmitglieder führt. Wenn die Gruppenmitglieder eine gewisse Machtposition innehaben, kann die Abwertung mit einer Benachteiligung, Ausgrenzung oder Schlechterstellung von Nicht-Gruppenmitgliedern einhergehen. Solche Phänomene haben dazu geführt, dass die Diskriminierung heutzutage kaum noch als eine harmlose Unterscheidung angesehen wird, sondern als eine ungerechtfertigte Benachteiligung. Daher kann der Begriff in seinem ursprünglichen Wortsinn zumindest nicht ohne weitere Erklärung genutzt werden.

Jede Definition versucht, einen Begriff kontextübergreifend auf eine bestimmte Bedeutung hin festzulegen. Das kann in bestimmten (z. B. mathematischen) Bereichen gelingen (z. B.: »Ein Kreis bezeichnet die Menge aller Punkte, die zu einem anderen Punkt die gleiche Entfernung haben.«), dürfte aber im Alltag selten funktionieren. Die meisten Begriffe sind eher eine Verschmelzung verschiedener Gebrauchskontexte, die man nicht oder nur sehr schwer in einer Definition vereinen kann. Solche Begriffe wurden von Johannes von Kries auch als synchytisch bezeichnet (siehe hierzu Bühler 1999, 221 ff.) und von synthetischen Begriffen unterschieden. Man kann synchytische Begriffe eher durch Beispiele verständlich machen als mit einer Definition, denn die verschiedenen Bedeutungskontexte sind nicht unter ein Dach zu bringen. Der Versuch, z. B. »Zeit« in einer Definition zu erläutern, wird entweder angesichts der vielfältigen Nutzungsmöglichkeiten des Wortes schlicht scheitern oder aber nicht die Bedeutungsvielfalt treffen (siehe hierzu auch Alt 1994, 41 ff. mit weiteren Beispielen). Man darf sich die Sprachentwicklung beim synchytischen Begriffen nicht wie einen Baum vorstellen, bei dem von ganz allgemeinen Begriffen immer konkretere abgeleitet werden (wie z. B. »Lebewesen – Tier – Fisch – Forelle – Lachs – Salmo«), sondern eher wie ein Rhizom, ein stammloses Wurzelgewächs (zu diesem Vergleich siehe Deleuze, Guattari 1977).

Sehr bekannt und eingängig ist das Beispiel von Wittgenstein zum Begriff »Spiel«, welches nach den vorangegangenen Erklärungen sicher aus sich selbst heraus verständlich ist:

> »Betrachte z. B. einmal die Vorgänge, die wir ›Spiele‹ nennen. Ich meine Brettspiele, Kartenspiele, Ballspiele, Kampfspiele, usw. Was ist allen diesen gemeinsam? – Sag nicht: ›Es muß ihnen etwas gemeinsam sein, sonst hießen sie nicht ›Spiele‹.‹ – sondern schau, ob ihnen allen etwas gemeinsam ist. – Denn wenn du sie anschaust, wirst du zwar nicht etwas sehen, was allen gemeinsam wäre, aber du wirst Ähnlichkeiten, Verwandtschaften, sehen, und zwar eine ganze Reihe. Wie gesagt: denk nicht, sondern schau! – Schau z. B. die Brettspiele an, mit ihren mannigfachen Verwandtschaften. Nun geh zu den Kartenspielen über: hier findest Du Entsprechungen mit jeder ersten Klasse, aber viele gemeinsame Züge verschwinden, andere treten auf. Wenn wir nun zu den Ballspielen übergehen, so bleibt manches Gemeinsame enthalten, aber vieles geht verloren. – Sind sie alle ›unterhaltend‹? Vergleiche Schach mit dem Mühlfahren. Oder gibt es Gewinnen und Verlieren; aber wenn ein Kind den Ball an die Wand wirft und wieder auffängt, so ist dieser Zug verschwunden. Schau, welche Rolle Geschick und Glück spielen. Und wie verschieden Geschick im Schachspiel und Geschick im Tennisspiel. Denk nun an die Reigenspiele: Hier ist das Element der Unterhaltung, aber viele andere Charakterzüge sind verschwunden! Und so können wir durch die vielen, vielen anderen Gruppen von Spielen gehen. Ähnlichkeiten auftauchen und verschwinden sehen. Und das Ergebnis dieser Betrachtung lautet nun: Wir sehen ein kompliziertes Netz von Ähnlichkeiten, die einander übergreifen und kreuzen. Ähnlichkeiten im Großen und Kleinen« (Wittgenstein 1997, Nr. 66).

Man kann nicht alles definieren

Es ist eine Utopie zu glauben, man könne ein Wort nur verstehen oder richtig gebrauchen, wenn man es definiert. Das ist schlicht unmöglich, denn jede Definition besteht selbst wieder aus Worten und wenn man diese definiert, braucht man weitere Worte. Das führt entweder zu einer unendlichen Erweiterung von Wörtern oder aber dazu, dass die Definitionen zirkulär aufeinander verweisen. Eine zirkuläre Definition wäre z. B. »Kindeswohl bedeutet, dass es dem Kind gut geht. Aber wann geht es dem Kind gut? Wenn für das Kindeswohl gesorgt ist.« Daher wird es immer einige undefinierte Grundbegriffe geben und es wäre absurd, für jedes Wort eine Definition zu verlangen (siehe Seiffert 1980, 33; Savigny 1970, 29).

Wie problematisch es ist, wenn die Bedeutung von Definitionen überschätzt wird oder die hier aufgeführten Probleme von Definitionen nicht erkannt werden, kann an der Einstellung des Science-Fiction-Autors und Scientology-Gründers Lafayette Ronald Hubbard zur Sprache verdeutlicht werden (siehe hierzu den folgenden Exkurs).

Exkurs: Umgang mit Definitionen bei Scientology

Lafayette Ronald Hubbard beginnt sein grundlegendes Buch über Scientology mit folgendem Hinweis:

> »Achten Sie beim Studieren dieses Buches sorgfältig darauf, dass Sie niemals über ein Wort hinweggehen, das Sie nicht vollständig verstehen. Der einzige Grund, warum jemand ein Studium aufgibt, verwirrt oder lernunfähig wird, liegt darin, dass er über ein nicht verstandenes Wort hinweggegangen ist. Die Verwirrung oder die Unfähigkeit, etwas zu begreifen oder zu lernen, entsteht NACH einem Wort, das man nicht definiert und verstanden hat. (…) Achten Sie also beim Studieren dieser Vorträge und in der Benutzung der Beilage sehr, sehr sorgfältig darauf, dass Sie niemals über ein Wort hinweggehen, das Sie nicht vollständig verstehen. Wenn der Stoff verwirrend wird oder Sie ihn anscheinend nicht begreifen können, wird es kurz davor ein Wort geben, das Sie nicht verstanden haben. Gehen Sie nicht weiter, sondern gehen Sie VOR den Punkt zurück, wo Sie in Schwierigkeiten gerieten, finden Sie das missverstandene Wort und sehen Sie zu, dass Sie seine Definition bekommen.« (Hubbard 1997, Wichtiger Hinweis (Beginn des Buches ohne Seitenangabe)).

Er geht also davon aus, Begriffe (er schreibt »Wörter«, meint aber offenbar die Bedeutung eines Wortes) könnten isoliert verstanden werden. Was das konkret für den Unterricht von Scientology-Mitgliedern bedeutet, hat Jenna Miscavige Hill, Nichte von David Miscavige (dem Nachfolger von L. R. Hubbard) und Scientology-Aussteigerin beschrieben:

> »In Scientology, there was the belief that if you encountered a word in the text that you didn't understand and you continued to study past that word, it would cause you to fail in your studies and in life. LRH (Lafayette Ronald Hubbard; A. R.) said that trying to study past a misunderstood word was the

prime factor in stupidity and was at the root of all wrongdoing and misbehaviour that might lead to criminality. (...) Clearing a word consisted of finding the correct definition in the dictionary, then using it in sentences until you were comfortable with it. The process would be repeated with each of the remaining alternate definitions of the word, including synonyms and idioms. God forbid that, during the process of learning these various definitions and origins of the word, you came across another word inside the definition you didn't understand. This would cause word chains, which meant there were even more words to clear, and you could be piled high in dictionaries for several hours (...)« (Miscavige Hill 2013, 100f.).

Gut zu merken

Konsequenzen für eine Diskussion:

1. Definitionen können helfen, Missverständnisse zu vermeiden.
2. Es sollte stets geklärt werden, ob man mit einer Definition einfach eine Bedeutung festlegen möchte oder ob man eine Aussage über die Nutzung des Definierten trifft (also eine Aussage für eine Sprache oder über eine Sprache trifft).
3. Nicht alle Begriffe können und sollten definiert werden. Manchmal sind Beispiele und Beschreibungen hilfreicher.

Insbesondere sollte man nicht auf die Taktik anderer Menschen hereinfallen, stets nach Definitionen zu fragen, um einen in Widersprüche zu verwickeln (wie dies bei einigen sokratischen Dialogen der Fall ist). Weller behauptet z. B.:

> »Eine unauffällige, aber oft wirksame Waffe des Redekampfes bietet sich an, wenn man jemand in der Aussprache fragt: Was verstehen Sie eigentlich unter ...? und ihn somit zu einer schnellen Begriffsbestimmung nötigt.« (Weller 1954, 254).

Angesichts der oben beschriebenen Probleme mit Definitionen handelt es sich beim strategischen Einsatz der Nachfrage nach Definitionen um einen unseriösen Trick, dem man am besten mit der Nachfrage begegnet, was die Definition bezwecken soll. Schon die Sprache von Weller zeigt, dass es ihm nicht um ein besseres Verständnis geht, sondern um das Gewinnen eines Kampfes. Das ist das hier propagierte Verständnis von Rhetorik.

6.3.6 Argumentation mit Geschichten/Erzählungen

Eine Geschichte oder Erzählung (beides wird in diesem Kontext der Einfachheit halber synonym verstanden) als Argument zu verstehen, mag zunächst einmal verwundern. Natürlich haben nicht alle Geschichten eine argumentative Funktion. In der antiken Rhetorik wurde insbesondere für die Gerichtsrede eine tradierte Gliederung entwickelt, die nach einer Einleitung die Erzählung des Sachverhalts (narratio) vorsah und diese von der dann folgenden Beweisführung (in der dann argumentiert wurde) abgrenzte (siehe z. B. Platon 1991, Phaidros 266d–267b; Cicero 1998, Buch 1, 20 ff. bzw. zur »narratio« 27 ff.; Rhetorica ad Herennium 1998, Buch 1, III 4). Insofern ist nachvollziehbar, dass Knape behauptet, man könne Narration und Argumentation »superstruktural« trennen (Knape 2003, 98). Damit ist lediglich gemeint, dass es gewisse Unterschiede in der Struktur von Narrationen und Argumentationen gibt. So werden in Argumentationen üblicherweise Annahmen und Schlussfolgerungen präsentiert und in Erzählungen eher Handlungsstränge mit Komplikationen und Auflösungen (ausführlich hierzu Dijk 1980, 128 ff. und 140 ff.). Das bedeutet allerdings nicht, dass ein mit »Es war einmal ...« eingeleiteter Gesprächsbeitrag nicht als Stütze eines problematisierten Geltungsanspruchs genutzt werden kann und damit als Argument fungiert.

Bei dem hier genutzten weiten Argumentationsbegriff wäre es daher falsch, Geschichten eine Funktion als Argument abzusprechen. Geschichten werden keineswegs immer »naiv« erzählt. Erzählungen und Geschichten haben bestimmte Funktionen (siehe zur funktionalen Erzählung Gülich 1980, 349). Sie dienen nicht immer allein der Unterhaltung, sondern können auch argumentativ eingesetzt werden, um z. B. eine Behauptung zu stützen. So kann eine Erzählung etwa als Beispiel eingesetzt werden, um etwas zu belegen (Becker/Stude 2017, 49).

Praxisbeispiel

Doris wurde vor drei Wochen ihr Rucksack gestohlen. Seitdem ist sie sehr verbittert über die Schlechtigkeit der Welt. Sie sieht in ihren Mitmenschen stets potenzielle Straftäter*innen und achtet sehr penibel auf ihr Eigentum. Ihre Freundin Raffaela sieht mit Sorge die Verbitterung von Doris und meint, sie dürfe von dem einen Diebstahl nicht auf alle Menschen schließen. Als Beleg führt sie an: »Weißt Du, ich hatte mal mein Portemonnaie mit fünfzig Euro, meiner EC-Karte, meinem Personalausweis und ein paar persönlichen Bildern auf der Straße verloren. Das habe ich erst gemerkt, als ich nach drei Stunden nach Hause kam. Als ich dann meine EC-Karte sperren lassen wollte, klingelte es an der Tür und ein mir fremder Mensch gab mir mein Portemonnaie mit dem gesamten Inhalt zurück. Er hatte es auf der Straße gefunden und meine Adresse auf dem Personalausweis gesehen. Nicht einmal einen Finderlohn hat er für diese ›Selbstverständlichkeit‹ angenommen.«

Das eine Beispiel wird Doris vermutlich nicht gänzlich überzeugen, doch viele solcher Beispiele können ihr vielleicht etwas mehr Vertrauen in die Mitmenschen zurückgeben.

Es ist aber nicht nur der Plot der Geschichte, der argumentativ wirkt. Auch *wie* wir eine Geschichte erzählen, kann eine große argumentative Kraft entfalten. Die Wortwahl (z. B. ist ein Mensch »laut« (negative Deutung) oder »lebhaft« (positive Deutung)?) und das Hervorheben oder Weglassen bestimmter Details kann einer Geschichte einen ganz anderen Charakter verleihen, auch wenn in beiden Fällen die gleiche Geschichte beschrieben wird.

Praxisbeispiel

Anbei zwei unterschiedliche Erzählungen über die identische Beziehung:

Erzählung der Frau: »Mein Mann respektiert mich nicht mehr. Er wertet mich ständig ab. Wir sind beide Musiker, aber er hat Erfolg, ich nicht. Seit Jahren bekomme ich keine Aufträge und bei jeder Absage, die ich erhalte, erklärt er mir, was ich hätte besser machen können – um mir zu zeigen, dass ich selbst Schuld an meinem fehlenden Erfolg trage. Er redet auch nicht mehr über seine eigenen Auftritte mit mir, weil er kein Interesse mehr daran hat, mich an seinem Leben teilhaben zu lassen.

Gegenerzählung des Mannes: »Meine Frau respektiert mich nicht mehr. Ich habe das Gefühl, sie nur noch zu stören. Wir sind beide Musiker, aber sie hat weniger Aufträge als ich. Damit sie nicht frustriert ist, versuche ich ihr ein paar Tipps zu geben, damit sie den Mut nicht verliert, sich weiter zu bewerben. Aber sie will das offenbar gar nicht hören und zieht sich zurück. Ich traue mich schon gar nicht mehr, ihr von meinen Auftritten zu berichten, weil sie dann nur neidisch wird und sich über ihren Misserfolg ärgert.«

Cicero (1997, 2. Buch 330 am Ende) bezeichnet die Erzählung als den »Quell für den gesamten Rest der Rede«. In der Tat ist die Art der Erzählung entscheidend für die spätere Argumentation. Eine Erzählung, die mit »der gewalttätige Junge mit Impulsstörung« beginnt, wird vermutlich schwer zum Ergebnis kommen, dass der von ihm verursachte Scheibenbruch ein Versehen war. Ganz anders ist es, wenn die Erzählung mit »als die Kinder wegen des starken Regens alle im Klassenzimmer spielten« beginnt. Brooks (2022, 127) geht sogar so weit zu behaupten, bestimmte (gerichtliche) Fallbeschreibungen würden eine weitere Begründung gar nicht mehr erfordern, weil die Fallbeschreibung schon das Argument vollendet. Im folgenden Beispiel wird dies nochmals verdeutlicht.

Praxisbeispiel

Xavier ist 68 Jahre alt und obdachlos. Sein gesundheitlicher Zustand ist bedenklich. Er weigert sich allerdings aus nicht bekannten Gründen, den Rat einer Sozialarbeiterin anzunehmen, eine Obdachlosenunterkunft aufzusuchen. Die Kommunikation mit Xavier ist schwierig, weil er kaum etwas sagt und möglicherweise auch die Situation kognitiv nicht mehr voll erfasst. Da der Winter naht, besteht die Sorge, er könne den Winter auf der Straße nicht überleben. Es stellt sich die Frage, mit welchen Mitteln man auf ihn einwirken sollte, um ihn vor dem Erfrieren zu schützen.

Der Fall ist sicherlich zu kurz geschildert, um anhand der Angaben schon eine Entscheidung treffen zu können. Sofern Sie aber schon einen Impuls für die eine oder andere Maßnahme verspüren, haben Sie möglicherweise bestimmte Elemente der Schilderung für sich hervorgehoben. Wer z. B. »bedenklicher Gesundheitszustand«, »drohender Tod« und »kognitiv eingeschränkt« herausliest, wird eher zu auch drastischeren Eingriffen zum Wohle von Xavier tendieren als eine Person, die »weigert sich«, »kognitiv noch verständigungsfähig aber eingeschränkt« liest. Hieraus lassen sich leicht Erzählungen kreieren, die die Antwort auf mögliche Interventionen schon vorwegnehmen, z. B.:

»Ein alter Mann lebt ohne Obdach. Er ist gesundheitlich schon gezeichnet vom Leben auf der Straße. Der Wintereinbruch naht und er wird den Winter in seinem jetzigen Zustand wohl kaum ohne Schutz vor der Kälte überleben. Es gibt Möglichkeiten, ihm eine Unterkunft zu gewähren. Auch wenn er aufgrund seiner kognitiven Einschränkungen die Notwendigkeit eines Kälteschutzes derzeit nicht versteht, können wir ihn nicht schlicht seinem Schicksal überlassen. Wir müssen handeln.«

Die Gegenansicht könnte erzählen: »Ein alter Mann lebt seit Jahren auf der Straße. Diese ist zu seinem Zuhause geworden. Es ist zwar fraglich, ob sein Gesundheitszustand dem Wintereinbruch standhält, und man sollte ihm Angebote für eine Unterkunft unterbreiten. Wenn er diese nicht annimmt, so macht er von seinem Recht Gebrauch, sein Leben und notfalls auch seinen Tod selbstbestimmt zu gestalten. Vieles hat er in seinem Leben verloren: Freunde, Arbeit, Geld, Obdach. Was ihm bleibt, sind seine Autonomie, seine Würde und der von ihm gewählte Aufenthaltsort. Wollen wir ihm das noch nehmen und ihm gegen seinen Willen sein Zuhause verwehren? Wie viele Menschen sterben lieber früher in einer von ihnen gewählten Umgebung, als dass sie im hohen Alter zwangsweise an einen neuen Ort gebracht werden?«

Geschichten sind noch mehr als bloße Beispiele oder selektive und damit auch tendenziöse Darstellungen. Sie geben, wenn sie gut gewählt wurden, einen Einblick in unsere eigene Haltung, denn wir werden durch Geschichten geprägt. Unser Denken und unsere Einstellungen sind geformt aus vielen Erlebnissen, die wir als Anekdoten erinnern und zu einer Lebensgeschichte formen. Wir sind verstrickt in Geschichten (Schapp 2012, 85 ff.) in dem Sinne, dass wir durch fremde Geschichten geprägt sind und unsere eigenen Erfahrungen zu Geschichten formen. Durch Erzählungen geben wir damit immer auch etwas von uns preis – unsere Werte, Einstellungen, Wahrnehmungen, Schwerpunktsetzungen. Nach Aristoteles muss die Erzählung zudem fähig sein, das Ethos des Redners widerzuspiegeln (2018, Rhetorik 1417a). Man kann so weit gehen zu behaupten, dass sich das Ethos zwangsläufig in der Geschichte zeigt.

Praxisbeispiel zur Mitkonstruktion von Geschichten

Als ich eines Tages mit meiner etwas über zwei Jahre alten Tochter mit dem Fahrrad auf dem Weg zur Kita war, sahen wir, wie ein unaufmerksamer Autofahrer beim Abbiegen eine andere Fahrradfahrerin umfuhr. Ich habe angehalten, um zu schauen, ob ich helfen kann. Da mein Kind auf dem Kinderfahrradsitz saß und ich Sorge hatte, sie könne umfallen, habe ich nur kurz geschaut: Die Fahrradfahrerin war vermutlich nicht verletzt, saß aber weinend am Straßenrand und hatte vermutlich einen Schock. Der Autofahrer hat angehalten und auch beistehende Passanten hatten sich um die Fahrradfahrerin gekümmert und mit dem Handy Unterstützung angefordert. Daher bin ich nach einem kurzen unnötigen Hilfsangebot mit meiner Tochter weitergefahren.

Tief beeindruckt vom Erlebnis hat meine Tochter mit ihrer noch in den Grundzügen befindlichen Sprachentwicklung diese Erfahrung immer wieder erzählt: »Auto kommt – Frau fällt – Frau weint – Papa guckt.« Im Laufe des Tages scheint sich diese Geschichte verändert zu haben, denn als sie die Geschichte dann nach der Kita ihrer Mutter erzählte, wurde aus »Papa guckt« ein »Papa hilft«.

Wollte sie ihren Papa als Held der Geschichte erinnern? Empfand sie das bloße Anhalten und Anbieten von Unterstützung nachträglich schon als Hilfe? Wurde ihr von anderen Menschen bei der Erzählung suggeriert, ich hätte geholfen? Das ist schwer zu klären, aber die Episode zeigt, wie Geschichten prägen können und vor allem wie diese Geschichten keineswegs passiv erlebt, sondern aktiv mitgestaltet werden.

Praxisbeispiel zur Verstrickung mit der eigenen Lebensgeschichte

Anton und Berta diskutieren über den Sinn und Unsinn einer Impfpflicht während der Pandemie. Anton geht davon aus, die Impfpflicht sei ein verfassungswidriger Eingriff in die Freiheit der Mitbürgerinnen und -bürger. Berta hingegen hält diese für eine moralische Pflicht aller Bürgerinnen und Bürger.

Anton ist als Geschichtslehrer geprägt von historischen Situationen, in denen Krisen von Staaten genutzt wurden, um Grundrechte einzuschränken und dann langsam, aber kontinuierlich eine Diktatur aufzubauen. Er ist demnach sehr skeptisch gegenüber der Regierung.

Berta hingegen meint, in einer Krise müsse man zusammenstehen. Sie arbeitet im Krankenhaus, in dem sie bereits viele Notfälle behandelt hat. Wenn in solchen Fällen keine Hierarchien akzeptiert und Arbeitsanweisungen diskutiert würden, könne man den Patientinnen und Patienten nicht helfen. Vielmehr müsse man manchmal auch die eigene Vorstellung zum besten Vorgehen zurückstellen, damit eine Idee konsequent verfolgt werden könne. Sie ist daher eher bereit, einer von der Regierung angeordneten Impfpflicht zu folgen.

Geschichten haben auch die Kraft, uns emotional besser zu erreichen als manch andere Formen der Argumentation. Sie wecken Bilder und Erinnerungen, sie beflügeln die Phantasie. Dadurch beeinflussen sie auch unsere Gefühle (ausführlicher Milling 2016, 14 ff.). Zum Beispiel fiebern wir in der Regel mit den Kriminellen mit, wenn ein Krimi deren Lebensgeschichte, Planung und Ausführung der Tat aus ihrer Sicht schildert. Hingegen sind wir auf Seiten der Polizei, wenn der Fall aus deren Ermittlungsperspektive gezeigt wird.

Ein Täter-Opfer-Ausgleich kann deshalb so nachhaltig wirken, weil hier Geschichten über die Motivation für die Tat sowie deren leidvollen Auswirkungen ausgetauscht werden.

Gut zu merken

Geschichten können nebeneinander stehen bleiben und widersprechen sich in der Regel nicht, weil sie (anders als bei der Äußerung einer Position) den Hintergrund für das Entstehen der Position beleuchten. Daher laden sie eher zu einem Gedankenaustausch ein, als dies eine konfrontative Argumentation tun würde.

Gut geeignet sind persönliche Erlebnisse (soweit es passend ist, sie einzubringen, und sie nicht zu persönlich und gut verarbeitet sind), aber auch Erlebnisse anderer Menschen, Geschichten, Witze etc. In allen Fällen wirkt die Erzählung nicht so konfrontativ, wie dies ein Widerspruch oder ein Gegenargument täte. Dadurch werden Menschen eher eingeladen, sich auf eine andere Sichtweise einzulassen.

Der Abschnitt schließt mit einer Erzählung von Astrid Lindgren, die sie 1978 anlässlich der Verleihung des Deutschen Friedenspreises hielt – Jahrzehnte bevor in Deutschland das Recht auf eine gewaltfreie Erziehung für Kinder verabschiedet wurde. Sie werden sehen, dass die Erzählung mehr Menschen erreicht als eine Statistik über die Auswirkungen von Gewalt in der Erziehung.

»Jenen aber, die jetzt so vernehmlich nach härterer Zucht und strafferen Zügeln rufen, möchte ich das erzählen, was mir einmal eine alte Dame berichtet hat. Sie war eine junge Mutter zu der Zeit, als man noch an diesen Bibelspruch glaubte, dieses ›Wer die Rute schont, verdirbt den Knaben.‹

Im Grunde ihres Herzens glaubt sie wohl gar nicht daran, aber eines Tages hatte ihr kleiner Sohn etwas getan, wofür er ihrer Meinung nach eine Tracht Prügel verdient hatte, die erste in seinem Leben. Sie trug ihm auf, in den Garten zu gehen und selbst nach einem Stock zu suchen, den er ihr dann bringen sollte. Der kleine Junge ging und blieb lange fort. Schließlich kam er weinend zurück und sagte: ›Ich habe keinen Stock finden können, aber hier hast Du einen Stein, den kannst Du ja nach mir werfen.‹

Da fing die Mutter an zu weinen, denn plötzlich sah sie alles mit den Augen des Kindes. Das Kind musste gedacht haben: ›Meine Mutter will mir wirklich wehtun, und das kann sie ja auch mit einem Stein.‹

Sie nahm ihren kleinen Sohn in die Arme und beide weinten eine Weile gemeinsam. Dann legt sie den Stein auf ein Bord in der Küche, und dort blieb er liegen als ständige Mahnung an das Versprechen, das sie sich in dieser Stunde selber gegeben hatte: ›NIEMALS GEWALT!‹« (Lindgren 2017, 32 ff.).

Gut zu merken

Geschichten und Erzählungen können eine starke emotionale Wirkung entfalten. Sie können andere Menschen dadurch manchmal besser erreichen als andere Argumente.

6.4 Argumentationsfehler

Streng genommen handelt es sich bei Argumentationsfehlern auch um Argumentationsformen. Sie werden hier gesondert behandelt, weil sie als fehlerhafte oder unzulässige Argumente nicht zu den anderen Argumenten gehören. Das Studium von Argumentationsfehlern ist aus mehreren Gründen ein wichtiger Bestandteil für eine gute Argumentation:

1. Vermeidung eigener Fehler
   Der offensichtliche Grund ist, dass eigene Fehler in der Argumentation vermieden werden können. Jedenfalls ist es nicht das Ziel, Argumentationsfehler zu benutzen, um trotz fehlender Argumente eine schwache Position zu stützen. Das wäre ein bewusster Einsatz unzulässiger Argumentationswege, welcher ethisch bedenklich ist und selbst bei einem kurzfristigen Gefühl der argumentativen Überlegenheit zu einem längerfristigen Verlust der Glaubwürdigkeit führt. Es geht einem dann schlicht die Überzeugungskraft des Ethos verloren, d. h., man verliert an Glaubwürdigkeit und Integrität.
2. Erkennen von fremden Fehlern
   Sollten Gesprächsmitglieder argumentative Fehler begehen, können diese leichter erkannt werden. Das ermöglicht es, diese Fehler zu benennen und zu korrigieren (im Falle der versehentlich eingebrachten

Fehler) oder gar bloßzustellen (bei vorsätzlicher und beharrlicher Nutzung von Argumentationsfehlern). Vorsätzlich werden Argumentationsfehler begangen, wenn man mit einer redlichen Argumentation nicht überzeugen könnte. Dabei handelt es sich um argumentative Tricks, die wie unter 1. benannt ethisch problematisch sind und selten dauerhaft wirken.

3. Vertieftes Verständnis von Argumentationstheorie
Letztlich ermöglicht die Befassung mit diesem Thema auch ein vertieftes Verständnis von Argumentationstheorie. Während zu Beginn des 6. Kapitels mit Rückgriff auf die Definition von Jürgen Habermas behauptet wurde, ein Argument sei alles, was hervorgebracht werde, um einen problematisierten Geltungsanspruch zu stützen, kann man sich jetzt konkreter fragen, wie man ein gutes Argument von einem schlechten oder gar falschen Argument unterscheiden kann.

Wie bereits bei der Analyse des argumentum ad hominem gesehen, kann es sehr von der jeweiligen Situation abhängen, ob ein Argument »falsch« ist oder nicht. Im Abschnitt über die Anschlussfähigkeit der Kommunikation wurde ebenfalls deutlich, dass bestimmte Argumente nur in bestimmten Bereichen Gültigkeit haben. »Das fühlt sich richtig an« mag im Beratungsgespräch hinsichtlich einer schweren Entscheidung ein gewichtiges Argument sein (die Nutzung des Bauchgefühls bzw. der Intuition), wird aber keine Mathematiklehrerin zur Erklärung der Rechenlösung beeindrucken.

Trotzdem gibt es bestimmte Punkte, die grundsätzlich als unzulässig angesehen werden können, weil sie eine Verständigung erschweren und gerade das nicht erreichen, was zentrale Funktionen von Argumenten sind: Strittigkeit beseitigen und Geltung herstellen (siehe Hanneken-Illjes 2018, 19 ff.). So sollten Argumente z. B. nicht Gesetzen der Logik widersprechen und sich auf vorgebrachte andere Argumente oder Streitpunkte beziehen. Auch wurden von verschiedenen Menschen Konversationsregeln aufgestellt, die der Verständigung dienen sollen (z. B. das ist Gebot der Aufrichtigkeit: »Sage nichts, was Du für falsch hältst«, eine Konversationsmaxime von Grice 2016, 249). Im Folgenden werden exemplarisch zwei viel diskutierte Argumentationsfehler vorgestellt. In einem längeren

Abschlussbeispiel wird gezeigt, wie die Kenntnis von Argumentationsfehlern bei der Gesprächsführung helfen kann.

6.4.1 Äquivokation

Der Begriff stammt von dem Lateinischen *aequivocatio* und bedeutet wörtlich, dass etwas gleich klingt. Wenn etwas nur gleich klingt, aber eigentlich eine andere Bedeutung hat, kann dies im Gespräch für Verwirrung sorgen. Es wäre äußerst ärgerlich, wenn man seinem Kind sagt, es solle sein erspartes Geld auf die Bank bringen und das Kind das Geld dann auf der Parkbank ablegt. Dieses Beispiel erscheint eher banal, doch ist eine Mehrdeutigkeit im Gespräch manchmal schwer zu erkennen.

In der antiken Rhetorik wurden gerne solche Vieldeutigkeiten genutzt, um in logisch klingenden Strukturen absurde Ergebnisse zu erzielen. Eine moderne vertiefte Diskussion bietet Hamblin 1970, 283 ff.

Exkurs: Quaternio terminorium

Eine sehr häufig behandelte Form ist die des »vierten Begriffs« (quaternio terminorium). In einem klassischen logischen Schluss vom Allgemeinen zum Besonderen ist der Schluss deshalb gültig, weil er nur drei Begriffe enthält:

Alle Menschen (1.) sind sterblich (2.).
Sokrates (3.) ist ein Mensch (1.).
Also ist Sokrates (3.) sterblich (2.).

Diese logisch korrekte Struktur wurde dann spielerisch für absurde Schlussfolgerungen genutzt:

Alle Füchse (1.) haben vier Beide (2.).
Sokrates (3.) ist ein schlauer Fuchs (1.?).
Also hat Sokrates (3.) vier Beine (2.)?

In diesem Beispiel ist es nicht schwer zu sehen, dass der »schlaue Fuchs« nicht mit dem Tier selbst identisch ist, sondern nur eine Metapher darstellt. Daher handelt es sich beim schlauen Fuchs eigentlich nicht um den gleichen Begriff wie 1. Es ist vielmehr ein 4. Begriff, der die unten stehende Schlussfolgerung nicht zulässt.

Auf die Pädagogik bezogen könnte man folgendes Beispiel bilden:
Menschen sollten nicht leiden!
Kinder leiden, wenn ihnen ihre Wünsche nicht erfüllt werden.
Kindern sollten die Wünsche erfüllt werden.

Das Beispiel ist in dieser Form leicht zu widerlegen, weil nicht zwischen kurzfristigen Leid und langfristigem Leid unterschieden wird. Aber es bedarf schon einiger Schlagfertigkeit, um spontan folgenden Vorwurf zu entkräften: »Jetzt geben Sie dem Kind doch den Ballon. Sie sehen doch, wie es weint!«

Komplizierter wird es in dem folgenden Beispiel:
Je unartiger Kinder sind, desto mehr werden sie erzogen.
Je mehr Kinder erzogen werden, desto braver sind sie.
Je unartiger Kinder sind, desto braver sind sie.

Unabhängig von der Wahrheit der Prämissen ist der Schluss auch formal problematisch, weil die Bezeichnung »je ... desto« im ersten Satz absolut zu verstehen ist (die Kinder werden grundsätzlich verglichen mit anderen Kindern mehr erzogen), im zweiten Satz aber relativ (die Kinder werden braver, als sie selbst vorher waren, nicht jedoch braver als alle anderen Kinder) (siehe hierzu auch Mérö 2002, 124f.).

6.4.2 Ignoratio elenchi

Elenchos ist ein schwer übersetzbarer Begriff, der aus dem Altgriechischen stammt und so viel wie »Widerlegung«, »Beweismittel« oder »Überführung« bedeuten kann. *Ignoratio* ist der lateinische Ausdruck für »Unkenntnis«. Damit ist gemeint, dass man keine Kenntnis davon hat, was eigentlich bewiesen werden soll. Das führt dann zu Diskussionen, die am eigentlichen Streitpunkt vorbeigehen (siehe auch Aristoteles 1995a, Sophistische Widerlegungen 165b ff., Hannken-Illjes 2018, 49f.).

Praxisbeispiel

In einem Rhetorikseminar hatte ein Teilnehmer die Aufgabe, über Hundekot in der Stadt zu sprechen. Nach einer guten Einleitung machte er deutlich, dass das Halten von Hunden in einer Großstadt problematisch sei. Allerdings räumte er ein, dass gerade für ältere einsame Menschen ein Hund eine wichtige emotionale Unterstützung darstellen könne, um im Anschluss darüber nachzudenken, wie ältere einsame Menschen anderweitig sozial unterstützt werden könnten. Während er sich immer weiter in sozialpolitische Fragen zur Betreuung von Senior*innen vertiefte, war das ursprüngliche Thema vollkommen vergessen. Er hatte angefangen, über Themen zu sprechen, die gar nicht in Frage standen.

Während sich in diesem Praxisbeispiel der Teilnehmer versehentlich selbst vom eigentlichen Thema abbrachte, kann im Gespräch bewusst versucht werden, andere Menschen vom ursprünglichen Thema abzulenken. Das kann dadurch geschehen, dass ihre Aussagen verfälscht (z. B. eingeengt oder erweitert) werden und dann nur gegen die verfälschte Aussage argumentiert wird.

Praxisbeispiel

Die Jugendamtsmitarbeiterin Jennifer (J) drängt die 52-jährige Mutter von zwei Kindern (drei und fünf Jahre alt), Melina (M), ihren problematischen Alkoholkonsum einzustellen und eine Suchtberatungsstelle aufzusuchen:

J: »So geht es nicht weiter. Sie können sich doch nicht um Ihre Kinder kümmern, wenn Sie trinken.«

M:»Wissen Sie, wie das ist, wenn man seinen Ehemann verloren hat? Wissen Sie, wie das ist? Jetzt wollen Sie mir auch noch die Kinder wegnehmen.«

J: »Ich will Ihnen die Kinder nicht wegnehmen. Das kann ich gar nicht. Ich sage nur, dass es so nicht weitergehen kann.«

M:»Ja, wenn ich nicht tue, was Sie wollen, werden Sie dafür sorgen, dass ich keine Kinder mehr habe! Das ist Erpressung!«

J hat mit keinem Wort über eine Trennung der Mutter von ihren Kindern gesprochen. Das mag in letzter Konsequenz eine berechtigte Befürchtung von M sein. Allerdings verstellt die Fokussierung von M auf diese schlimme Situation den Blick auf viele alternative Möglichkeiten. Die Aussage, M hätte dann »keine Kinder mehr«, erscheint auch dramatisierend, denn selbst bei einer Trennung der Mutter von den Kindern müsste man über Umgangsrechte und Rückführungsoptionen sprechen.

Es ist denkbar, dass J beginnt zu erläutern, warum sie keine Erpressung vornehme und warum sie Mutter und Kinder nicht trennen möchte. Das wäre auch nicht unbedingt falsch. M hätte es dann allerdings zumindest vorübergehend erreicht, nicht in ein für sie unangenehmes Gespräch über ihre Sucht einzusteigen. Das hat sie geschafft, indem sie die Aussage »So geht es nicht weiter!« auf eine Trennung von Mutter und Kinder reduziert hat.

Eine Themenvermeidung kann auch dadurch geschehen, dass ein ganz neues Thema eingebracht wird, um vom ursprünglichen unangenehmen Thema abzulenken. Dieses Mittel wird auch als »red herring« bezeichnet. Der Begriff stammt daher, dass ein Hering sich beim Räuchern rot verfärbt. Der Geruch des Räucherhering wurde angeblich genutzt, um Jagdhunde von der eigentlichen Geruchsfährte weglocken. Auch wenn dies wohl nicht zutrifft, hat sich das Bild gehalten.

Praxisbeispiel

Sozialarbeiter Camillo (C) hat vertrauliche Daten am Telefon preisgegeben, weil sich die Anruferin als eine Behördenmitarbeiterin ausgegeben hat, was von Camillo nicht überprüft wurde. Seine Vorgesetzte Valentia (V) stellt ihn diesbezüglich zur Rede. Wenn Camillo es vermeiden möchte, über seinen Fehler zu sprechen, kann er versuchen, vom eigentlichen Thema abzulenken. Denkbar wären z.B. eine der folgenden Strategien:

C: »Weißt Du, wenn wir jetzt über Datenschutz sprechen, dann dürftest Du die Akte von Familie Schneider jetzt auch nicht offen auf dem Schreibtisch liegen lassen.«

Hier versucht C, vom eigenen Fehlverhalten abzulenken, indem er auf ein Fehlverhalten von V hinweist. Das kann auch als ein tu quoque Argument angesehen werden. Hierbei wird der anderen Seite vorgeworfen, das kritisierte Verhalten selbst vorzunehmen (tu quoque bedeutet übersetzt »Du auch«). Es besteht die Gefahr, dass V sich rechtfertigt und dann nur noch über die Akten auf Vs Tisch gesprochen wird.

C: »Meinst Du, mich jetzt belehren zu müssen, bloß weil Du befördert wurdest? Ich wäre schon längst auf Deiner Stelle, wenn ich nur an Karriere und nicht an die eigene Familie gedacht hätte.«

C wechselt hier auf die Beziehungsebene und lenkt vom Fehlverhalten ab, indem er über Hierarchie und Macht spricht – eventuell gar einen kleine Vorwurf an V impliziert, falls sie Familie hat und sich aus Cs Sicht nicht ausreichend um diese kümmert. Hier könnte sich die Diskussion nur noch um Machtstrukturen und Familienaufgaben drehen.

C: »Natürlich hätte ich die Anruferin überprüfen können. Die Frage ist nur, wann? Weißt Du, wie belastet und unterbesetzt wir hier alle sind? Was hast Du bislang getan, um unsere Arbeitssituation zu verbessern?«

Nunmehr versucht C, das Führungsverhalten von V zu diskutieren. Dahinter steckt das Argument: Wunder Dich nicht, wenn etwas schiefgeht, wenn Du nicht für gute Arbeitsbedingungen sorgst. Ein klarer Gegenangriff, der ebenfalls vom eigentlichen Fehlverhalten von C ablenken soll.

Hierbei muss betont werden, dass es sich insgesamt um keine empfehlenswerten Strategien handelt, denn selbst wenn sie aufgehen, bleibt die Arbeitsbeziehung trotzdem belastet. V kann der Strategie von C entgehen, indem sie sich nicht rechtfertigt und in das Thema einsteigt, sondern die Themen trennt: »Das ist ein Punkt, den wir auch gerne besprechen können. Zunächst möchte ich aber zurückkommen auf ...«.

6.4.3 Argumentum ad misericordiam

Das argumentum ad misericordiam ist nicht zwingend ein Argumentationsfehler, wird aber oftmals als ein Fehler behandelt, weil es sich nur an die Emotionen richtet (ausführlich hierzu Walton 1997). Es ist der Appell an das Mitleid anderer Menschen. Gerade in der Sozialen Arbeit wird man dem Argument begegnen, wenn man mit hilfsbedürftigen Menschen arbeitet, die sich in einer bemitleidenswerten Situation befinden. Es geht nicht darum, kein Mitleid zu empfinden, sondern darum, dem Appell an Mitleid nur zu folgen, wenn dies angemessen ist. Dies bedeutet ein ständiges Abwägen zwischen der Frage, was im Sinne der Hilfe zur Selbsthilfe eine angemessene Unterstützung darstellt, und wann eine Hilfe die Selbständigkeit der betroffenen Person eher hindert. Belastete oder beeinträchtigte Menschen sollten unterstützt, aber nicht einfach bedient werden. Es ist wichtig, sich empathisch anzuhören, welchen Belastungen manche Menschen ausgesetzt sind – und es ist nicht verkehrt, Mitleid zu empfinden und sich für die Menschen einzusetzen. Wer hingegen glaubt, die Gesellschaft müsse alles für einen tun, weil man so belastet ist, lernt nicht, selbständig zu werden. Hier sollte das Mitleid aufhören.

In der Werbung oder bei Spendenaufrufen wird das Argument gerne eingesetzt, um z. B. mit traurigen Kinderaugen zu einer Spende oder einem Kauf zu motivieren.

Praxisbeispiel

Im Rahmen meiner Ausbildung erlebte ich einmal einen sehr schlecht vorbereiteten Dozenten, der in seine Ausführungen fachliche Fehler einbrachte und sie unstrukturiert und assoziativ vortrug. Am Ende der Veranstaltung musste der Dozent Bewertungsbögen austeilen, die die Ausbildungsstelle vorgesehen hatte. Offenbar war sich der Dozent über die Qualität seines Unterrichts bewusst, denn beim Austeilen der Bewertungsbögen sagte er: »Bitte bedenken Sie beim Ausfüllen der Bögen, dass ich eine Familie zu ernähren habe.«

Viele meiner Mitstudierenden gaben daraufhin eine gute Bewertung ab, weil der Dozent ihnen leidtat. Ich war zunächst auch geneigt, eine gute Bewertung abzugeben, kam aber davon ab. Das Mitleid mit dem Dozenten hielt sich in Grenzen, denn er hatte keinen Grund für seine schlechte Vorbereitung angegeben. Selbst wenn er die Einnahmequelle als Dozent benötigte, steht dies nicht im Verhältnis zu vielen Studierenden, die unter dem schlechten Seminar leiden. Auch ging es mir um die Qualität der Ausbildung.

Besonders deutlich zeigt sich die Ambivalenz des argumentum ad misericordiam im Bereich des Strafrechts. Üblicherweise ist das Argument eher als Argumentationsfehler anzusehen, wenn es um die Feststellung der Strafbarkeit geht. Im Rahmen der Festlegung des Strafmaßes ist es wiederum ein zulässiges Argument.

Praxisbeispiel

Imad ist 22 Jahre alt und Sohn eines gewalttätigen Vaters. Er hat selbst unter Schlägen seines Vaters gelitten und sich immer schützend vor seinen zehn Jahr jüngeren Bruder gestellt. Sein Bruder Samir ist zwölf Jahre alt und hat ein steifes Knie. Wegen seiner Gehbehinderung war er schon Opfer von Ausgrenzung. Imad trifft seinen Bruder an dessen Geburtstag und stellt fest, dass er verletzt ist. Samir erzählt ihm unter Tränen, dass der 14-jährige Alex sich wegen seiner Gehbehinderung über ihn lustig gemacht habe. Als Samir weglaufen wollte, habe Alex ihn geschubst und geschlagen. Imad ist so wütend auf Alex, dass er am nächsten Tag zu Samirs Schule fährt und Alex verprügelt. Imad ist nicht vorbestraft, würde aber bei einer Verurteilung möglicherweise seinen Ausbildungsplatz verlieren.

In diesem Fall kann man sicherlich anführen, dass Imad leider als Kind nur Gewalt erfahren hat und entsprechend vielleicht keine Gelegenheit hatte, bessere Wege der Konfliktklärung zu erlernen. Auch ist Alex in der Geschichte kein Sympathieträger und in einem Spielfilm würde man möglicherweise Genugtuung empfinden, wenn er für sein diskriminierendes Verhalten gegenüber Samir geschlagen wird. Insbesondere möchte man Imads berufliche Laufbahn nicht gefährden. Bei der Frage, ob Imad gegenüber Alex eine strafbare Körperverletzung begangen hat, sind diese Punkte alle irrelevant. In § 223 Abs. 1 StGB steht allerdings, dass die Körperverletzung mit einer Freiheitsstrafe bis zu fünf Jahren oder mit Geldstrafe bestraft wird. Der Strafrahmen ist also denkbar weit gefasst. Bei der Frage, *ob* Imad verurteilt werden sollte, sind die Aspekte zu seiner Lebenssituation nicht beachtlich. Geht es allerdings um die Frage, *wie* er verurteilt werden sollte, sind diese Aspekte von zentraler Bedeutung. Angesichts der fehlenden Vorstrafen und des vorherigen Fehlverhaltens von Alex würde man hier sicherlich eher zu einer Geldstrafe oder einer kurzen Freiheitsstrafe auf Bewährung kommen. Das konkrete Maß wird entscheidend davon abhängen, wie schwer die Verletzungen bei Alex waren und wie einsichtig sich Imad zeigt und Alex um Verzeihung bittet. Sollte Imad am Ende vorbestraft sein (bei einer Verurteilung von mehr als 90 Tagessätzen oder drei Monaten Freiheitsstrafe würde die Verurteilung im Führungszeugnis aufgenommen werden (§ 32 Abs. 2 Nr. 5 BZRG), was vermutlich bei der Ausbildungsstelle mit »vorbestraft« gemeint ist), könnte man als Sozialarbeiter*in auch gegenüber der Ausbildungsstelle dafür werben, dass Imad seinen Ausbildungsplatz behalten kann. Auch hier wären die Argumente ad misericordiam nicht verkehrt.

6.4.4 Übungsbeispiel

Zum Abschluss des Abschnitts über Argumentationsfehler folgt ein kleiner Dialog zum Üben. Sie können den Dialog schlicht lesen und sich überlegen, was in diesem unerfreulichen Dialog schiefläuft. Danach können Sie Ihre Analyse mit dem folgenden Analysevorschlag vergleichen.

Praxisbeispiel

In einer christlichen Ganztagsschule sind bei einer Schulfeier zwei Schülerinnen nach dem Konsum von Cannabis aus bislang unbekannten Gründen heimlich auf das Schuldach geklettert (vermutlich, um die Aussicht zu genießen) und vom Dach gefallen. Sie wurden mit schweren Verletzungen ins Krankenhaus gebracht. Die Eltern der Schülerinnen machen der Schule schwere Vorwürfe. Bei einer Befragung von Freund*innen der Schülerinnen sagte ein Schüler, die beiden seien schon von der Schulsozialarbeiterin Sandra (S) verwarnt worden, kein Cannabis mehr zu rauchen. Daraufhin bittet der Schuldirektor Ulf (U) die in der Schule angestellte Sozialarbeiterin Sandra zu einem Gespräch.

U: »Das ist ein ganz schöner Mist, der da passiert ist! Warum haben Sie das nicht verhindert?«

S: »Ach, jetzt soll ich an allem Schuld sein? Ich kann unmöglich alle Schülerinnen und Schüler gleichzeitig beaufsichtigen.«

U: »Aber Sie wussten doch, dass die zwei verunglückten Schülerinnen Cannabis konsumieren!«

S: »Wissen Sie, wie viele der Kinder hier rauchen und trinken? Wissen Sie, dass es mittlerweile legal ist zu kiffen?«

U: »Es gibt also noch weiteren Drogenkonsum, den Sie uns verheimlichen?«

S: »Zucker und Koffein sind ebenfalls Drogen. Soll ich Ihnen alles melden, was ich sehe? Dann muss ich Ihnen mitteilen, dass Ihr gesamtes Personal inklusive mir Drogen nimmt!«

U: »Ich bin gerade nicht in der Stimmung für Witze!«

S: »Ich auch nicht!«

U: »Haben Sie eine Ahnung, wie verärgert die Eltern der Kinder sind? Sie erwarten von uns als christlicher Einrichtung, dass wir auf ihre christlichen Kinder achtgeben.«

S: »Ach, und jüdische und muslimische Kinder können ruhig von den Dächern fallen?«

U: »Das habe ich nicht gesagt! Ich gebe nur wieder, welchen Druck die Eltern machen.«

S: »Dann sollten Sie vielleicht einmal solchen diskriminierenden Aussagen entgegentreten. Es ist unsere Christenpflicht, für alle Menschen da zu sein – nicht nur für Christen.«

U: »Ja, das mag sein, aber …«

S: »Nein, es gibt kein ›ABER‹. Wissen Sie, dass Jesus letztlich keinem einzigen Christen geholfen hat? Die gab es nämlich noch gar nicht vor seiner Auferstehung!«

U: »Das ist nicht zutreffend. Die Jünger, die ihn als Sohn Gottes akzeptierten, waren bereits Christen.«

Hinweise zur Analyse des Dialogs:
Der Dialog verläuft denkbar unproduktiv. Grob zusammengefasst kann festgestellt werden, dass U sehr viele Vorwürfe äußert, welche S dazu veranlassen, sich zu verschließen. Das tut S vor allem, indem sie vom Thema ablenkt und mit Gegenvorwürfen arbeitet:

U: »Das ist ein ganz schöner Mist, der da passiert ist! Warum haben Sie das nicht verhindert?«

Es wird nicht direkt ausgesprochen, doch die zweite Frage impliziert, dass S den Unfall hätte verhindern können. Daher ist verständlich, dass S hier einen Vorwurf heraushört. Ein besserer Einstieg wäre die offene Nachfrage, wie S die Situation erlebt hat.

S: »Ach, jetzt soll ich an allem Schuld sein? Ich kann unmöglich alle Schülerinnen und Schüler gleichzeitig beaufsichtigen.«

S fragt selbst nicht nach, ob der implizit gehörte Vorwurf auch so gemeint ist, sondern bringt ein Argument ein, warum der von ihr gehörte Vorwurf unberechtigt ist. Das Argument scheint erst einmal sinnvoll zu sein.

U: »Aber Sie wussten doch, dass die zwei verunglückten Schülerinnen Cannabis konsumieren!«

Ohne explizit auf das Argument von S einzugehen, bringt U einen neuen Aspekt ein. Dieser soll offenbar seinen implizit vorgebrachten Vorwurf stützen. Vollständig wird das Argument lauten: Wenn man weiß, dass bestimmte Schülerinnen kiffen, muss man besonders auf sie achtgeben (oder, wenn das nicht geht, den Sachverhalt melden) – daher muss man verstärkt auf sie und nicht auf alle Schülerinnen und Schüler aufpassen.

S: »Wissen Sie, wie viele der Kinder hier rauchen und trinken? Wissen Sie, dass es mittlerweile legal ist zu kiffen?«

U: »Es gibt also noch weiteren Drogenkonsum, den Sie uns verheimlichen?«

S: »Zucker und Koffein sind ebenfalls Drogen. Soll ich Ihnen alles melden, was ich sehe? Dann muss ich Ihnen mitteilen, dass Ihr gesamtes Personal inklusive mir Drogen nimmt!«

In diesem kurzen Abschnitt gelingt es S, den Begriff »Drogen« so weit zu fassen (alle psychoaktiven Substanzen, die abhängig machen), dass sie (wahrscheinlich bewusst) von Us eigentlichem Thema ablenkt, der vermutlich bei »Drogen« nur an meist illegale Substanzen denkt, die eine starke Wahrnehmungsveränderung hervorrufen. Eine solche Wahrnehmungsveränderung ist bei Alkohol noch gegeben, nicht hingegen bei Nikotin. U reagiert sicherlich auf den Alkohol, wenn er fragt, ob weiterer Drogenkonsum von S

»verheimlicht« würde, womit er erneut einen Vorwurf impliziert. S bringt daher weitere Beispiele für ihr Verständnis von Drogen, wobei sie vorher schon geschickt hat einfließen lassen, dass Haschisch legalisiert wurde. Auf diese Weise ist das naheliegende Unterscheidungskriterium zwischen legalen und illegalen Drogen nicht anwendbar. Insgesamt liegt hier eine ignoratio elenchi vor. S beantwortet die Frage von U nie, ob sie wusste, dass die Schülerinnen kiffen. Hingegen unterstellt sie, U würde für den Konsum aller abhängig machender Substanzen eine Meldung wünschen. Diese Erweiterung führt sie dann ad absurdum, weil offenbar das gesamte Personal Drogen zu sich nimmt. U ist zuvor mit seiner Frage, ob S weiteren Drogenkonsum verheimlicht, auf diese Begriffserweiterung eingestiegen und hat jetzt Schwierigkeiten, zu seinem eigentlichen Punkt zurückzufinden.

U: »Ich bin gerade nicht in der Stimmung für Witze!«
S: »Ich auch nicht!«

U ist offenbar nicht in der Lage, in dieser Situation die ignoratio elenchi zu benennen und aufzulösen. Stattdessen wechselt er auf die Metaebene und hält das argumentum ad absurdum für einen »Witz«, was von S zurückgewiesen wird.

U: »Haben Sie eine Ahnung, wie verärgert die Eltern der Kinder sind? Sie erwarten von uns als christlicher Einrichtung, dass wir auf ihre christlichen Kinder achtgeben.«
S: »Ach, und jüdische und muslimische Kinder können ruhig von den Dächern fallen?«
U: »Das habe ich nicht gesagt! Ich gebe nur wieder, welchen Druck die Eltern machen.«
S: »Dann sollten Sie vielleicht einmal solchen diskriminierenden Aussagen entgegentreten. Es ist unsere Christenpflicht, für alle Menschen da zu sein – nicht nur für Christen.«

U hat es entweder aufgegeben oder vergessen, seine ursprüngliche Frage weiterzuverfolgen (ob S wusste, dass die Schülerinnen kiffen). Er wechselt nun zu einem anderen Gesichtspunkt, der eine Chance zur Verständigung beinhaltet – dem Druck, dem er seitens der Eltern der verunglückten Kinder ausgesetzt ist. Allerdings hat sein vorwurfsvoller Einstieg offenbar das Vertrauen von S so beeinträchtigt, dass sie auch hier einer Diskussion ausweicht.

Sie interpretiert »auf christliche Kinder achtgeben« als »NUR auf christliche Kinder achtgeben«. U bemerkt nicht, wie hier die Aussage eingeengt wird, und versucht sehr defensiv zu verdeutlichen, dass er etwas wiedergibt, das die Eltern gesagt haben. Das ermöglicht es S jedoch, U dafür zu kritisieren, er würde die diskriminierende Aussage einfach stehen lassen.

U: »Ja, das mag sein, aber ...«

U versucht erneut, zu seinem eigentlichen Punkt zurückzukehren, dass die Eltern der verunglückten Schülerinnen Druck ausüben. Das tut er, indem er S halbherzig zustimmt und mit einem »Aber« zum eigentlichen Punkt zurückkehren möchte. Hier wäre eine stärkere Intervention hilfreich gewesen. Entweder hätte U ohne Umschweife und nicht so schwach zustimmen sollen: »Sie haben recht. Die Aussage ist letztlich diskriminierend und ich hätte diese nicht so stehen lassen sollen«, um dann fortzufahren: »Worum es mir im Moment geht, ist der Druck, dem ich ausgesetzt bin.« Oder U hätte (mit der Gefahr, vom eigentlichen Thema abzukommen) S deutlich widersprechen müssen: »Die Eltern haben gerade ihre Kinder schwerverletzt im Krankenhaus gesehen. Da werde ich sie nicht über diskriminierende Aussage belehren, sondern erst einmal empathisch zuhören.«

S: »Nein, es gibt kein ›ABER‹. Wissen Sie, dass Jesus letztlich keinem einzigen Christen geholfen hat? Die gab es nämlich noch gar nicht vor seiner Auferstehung!«

U: »Das ist nicht zutreffend. Die Jünger, die ihn als Sohn Gottes akzeptierten, waren bereits Christen.«

S interpretiert das »aber« als eine Einschränkung der halbherzigen Zustimmung, auch wenn U es möglicherweise nur als Einleitung zur Rückkehr des eigentlichen Themas gebrauchen wollte. Ihr theologisches Argument ist ein Ablenkungsversuch – ein Red Herring. U fällt auf den Ablenkungsversuch herein, weil er beginnt, sich auf eine theologische Debatte über den Beginn des Christentums einzulassen.

S war in bislang erfolgreich darin, von einem Gespräch über ihre möglichen Versäumnisse abzulenken. Diesem Erfolg steht jedoch entgegen, dass keine Klärung des Vorfalls erfolgt ist. Sie hat z. B. nicht die Möglichkeit genutzt, U davon zu überzeugen, dass sie die Verletzungen der Schülerinnen nicht hätte verhindern können. Die Beziehung zwischen U und S wird sich nach dem Gespräch eher verschlechtert haben; insofern sind ihre Kommunikationsstrategien für eine langfristige Arbeitsbeziehung nicht empfehlenswert.

Reflexionsfragen

- Was verstehen Sie unter Argumentation? Ist es ein Gedankenaustausch? Ein Wettbewerb? Ein Streit?
- In welchen Situationen argumentieren Sie? Vielleicht ist es auch leichter zu überlegen, wann Sie nicht argumentieren.
- Gibt es bestimmte Argumentationsformen, die Sie häufig benutzen? Mit welchen Formen könnten Sie Ihre Argumentationsfähigkeiten erweitern? Zielen Ihre Argumente eher auf Logos, Ethos oder Pathos ab?
- In welchen Situationen fehlen Ihnen die Worte? Wann fällt es Ihnen schwer, einer Person argumentativ zu begegnen? Welche Argumentationsstrategie könnte hier helfen?
- Können Argumente »falsch« sein? Nach welchen Kriterien kann man die Qualität eines Arguments beurteilen?

Weiterführende Literatur

Alt, Jürgen August (2000): Richtig argumentieren. München: C. H. Beck.
Hannken-Illjes, Kati (2018): Argumentation. Tübingen: Narr Franke Attempto.
Makau, Josina M., Marty, Debian L. (2001): Cooperative Argumentation. Long Grove: Waveland Press.
Walton, Douglas (1992): The Place of Emotion in Argument. Pennsylvania: Pennsylvania State University Press.

Abschließende Bemerkungen

Soziale Arbeit ist eine sehr umfassende, vielschichtige Arbeit mit Menschen. Da sich die Rhetorik und die Soziale Arbeit beide mit der Frage befassen, wie ein menschliches Zusammenleben möglich ist, verwundert es nicht, dass die Soziale Arbeit von der Rhetorik profitieren kann. Erstaunlich ist allerdings, auf wie vielen Ebenen die Rhetorik der Sozialen Arbeit etwas zu bieten hat. Es geht nicht nur um einzelne Modelle und Techniken, wie sie in Kapitel fünf eingebracht wurden, sondern auch um Grundannahmen in der Sozialen Arbeit (▶ Kap. 4) und Fragen zum Menschenbild (▶ Kap. 2) sowie zur ethischen Haltung (▶ Kap. 3). Im sechsten Kapitel wurde die Argumentation besonders intensiv behandelt, weil sie sehr praxisrelevant ist und mit den Ebenen Logos, Pathos und Ethos auch allgemein die Bedeutung der Rhetorik für die Soziale Arbeit beweist. Letztlich will man mit Argumenten ja andere Menschen bewegen – und genau das ist das Hauptziel der gesamten Rhetorik.

Wenn Sie Lust bekommen haben, sich weiter mit Rhetorik zu befassen, wenn Sie Anregungen für Ihre Arbeit mitnehmen konnten, wenn Sie eigene Auffassungen teilweise hinterfragt haben und wenn Sie Spaß beim Lesen hatten, so habe ich mein Ziel erreicht.

Literaturverzeichnis

Alt, Jürgen August (1994): Miteinander Diskutieren. Frankfurt am Main: Campus Verlag.

Alt, Jürgen August (2000): Richtig argumentieren. München: C. H. Beck.

Aristoteles (1995a): Philosophische Schriften, Band 2. Hamburg: Meiner-Verlag.

Aristoteles (1995b): Philosophische Schriften, Band 3. Hamburg: Meiner-Verlag.

Aristoteles (2018): Rhetorik. Stuttgart: Reclam.

Augustinus, Aurelius (1987): Bekenntnisse. Frankfurt am Main: Insel Verlag.

Augustinus, Aurelius (2002): Die christliche Bildung. Stuttgart: Reclam.

Becker, Tabea, Stude, Juliane (2017): Erzählen. Heidelberg: Winter.

Blumenberg, Hans (1991): Anthropologische Annäherungen an die Aktualität der Rhetorik. In: Josef Kopperschmidt (Hrsg.): Rhetorik, Band II (S. 285–312). Darmstadt: Wissenschaftliche Buchgesellschaft.

Blumenberg, Hans (2016): Begriffe in Geschichten. Frankfurt am Main: Suhrkamp.

Bono, Edward de (1991): Conflicts – A Better Way to Resolve Them. London: Penguin Books.

Brooks, Peter (2022): Seduced by Story. New York: New York Review Books.

Bucher, Theodor (1987): Einführung in die angewandte Logik. Berlin/New York: Walter de Gruyter.

Buck, Günter (2022): Konflikt. In: Deutscher Verein für öffentliche und private Fürsorge e. V. (Hrsg.): Fachlexikon der Sozialen Arbeit. 9. Aufl. (S. 523–524). Baden-Baden: Nomos.

Bühler, Karl (1999): Sprachtheorie. 3. Aufl. Stuttgart: Lucius & Lucius.

Chladenius, Johann Martin (1969): Einleitung zur richtigen Auslegung vernünftiger Reden und Schriften. Düsseldorf: Stern-Verlag Janssen & Co.

Cicero, M. Tullius (1997): Über den Redner (de oratore). 3. Aufl. Stuttgart: Reclam.

Cicero, M. Tullius (1998): Über die Auffindung des Stoffes (de inventione). Düsseldorf/Zürich: Atemis & Winkler.

Coenen, Hans Georg (2003): Parteilichkeit. In: Historisches Wörterbuch der Rhetorik, Band 6, Sp. 652–666. Tübingen: Wissenschaftliche Buchgesellschaft.

Crystal, David (1995): The Cambridge Encyclopedia of Language. Cambridge: Cambridge University Press.

Damasio, Antonio R. (2000): Descartes' Irrtum. 5. Aufl. München: Deutscher Taschenbuch Verlag.
Davies, William (2019): Nervöse Zeiten. München: Pieper.
Deleuze, Gilles, Guattari, Félix (1977): Rhizom. Berlin: Merve Verlag.
Descartes, René (1973): Abhandlung über die Methode des richtigen Vernunftsgebrauchs. Stuttgart: Reclam.
Deutscher Bundesverband für Soziale Arbeit e.V. (2014): Ethics and Values – Berufsethik des DBSH, Forum Sozial Heft 4.
Dieckmann, Andreas (2009): Empirische Sozialforschung. 20. Aufl. Reinbek bei Hamburg: Rowohlt.
Dijk, Teun A. van (1980): Textwissenschaft. München: Deutscher Taschenbuch Verlag.
Ditko, Peter H., Engelen, Norbert Q. (1996): In Bildern reden. Düsseldorf: ECON.
Dobelli, Rolf (2012): Die Kunst des klugen Handelns. München: Hanser.
Dörner, Dietrich (2001): Bauplan für eine Seele. Reinbek bei Hamburg: Rowohlt.
Ellis, Albert (1997): Grundlagen und Methoden der Rational-Emotiven Verhaltenstherapie. München: Pfeiffer.
Engelke, Ernst (1998): Theorien der Sozialen Arbeit. Freiburg im Breisgau: Lambertus.
Erdmann, Karl Otto (1982): Die Kunst, recht zu behalten. Berlin, Wien: Ullstein.
Feil, Naomi, Klerk-Rubin, Vicki de (2010): Validation. 9. Aufl. München: Ernst Reinhardt.
Fetscher, Iring (1998): Joseph Goebbels im Berliner Sportpalast 1943: »Wollt ihr den totalen Krieg?«. Hamburg: Europäische Verlagsanstalt.
Fischer, Alexander (2017): Manipulation. Frankfurt am Main: Suhrkamp.
Fischer, Alexander (2023): Therapeutische Manipulation. In: Spektrum der Mediation Ausgabe 91, S. 18–21.
Follett, Mary Parker (2013): Creative Experience. Mansfield: Martino Publishing.
Forget, Philippe (1984): Leitfaden einer unwahrscheinlichen Debatte. In: Philippe Forget (Hrsg.): Text und Interpretation (S. 7–23). München: Wilhelm Fink.
Friedrichs, Jürgen (1990): Methoden empirischer Sozialforschung. 14. Aufl. Opladen: Westdeutscher Verlag.
Füssenhäuser, Cornelia (2022): Soziale Arbeit. In: Deutscher Verein für öffentliche und private Fürsorge e.V. (Hrsg.): Fachlexikon der Sozialen Arbeit. 9. Aufl. (S. 789–793). Baden-Baden: Nomos.
Gabriel, Gottfried (1995): Definition. In: Jürgen Mittelstraß (Hrsg.): Enzyklopädie Philosophie und Wissenschaftstheorie, Band 1 (S. 439–442). Stuttgart/Weimar: J. B. Metzler.
Gorgias von Leontinoi (2012): Reden, Fragmente und Testimonien. 2. Aufl. Hamburg: Meiner.
Grassi, Ernesto (1979): Macht des Bildes. 2. Aufl. München: Wilhelm Fink.

Grice, Paul H. (2016): Logik und Konversation. In: Georg Meggle (Hrsg.): Handlung, Kommunikation, Bedeutung. 2. Aufl. (S. 243–265). Frankfurt am Main: Suhrkamp.
Gülich, Elisabeth (1980): Konventionelle Muster und kommunikative Funktionen von Alltagserzählungen. In: Konrad Ehrlich (Hrsg.): Erzählen im Alltag (S. 335–384). Frankfurt am Main: Suhrkamp.
Habermas, Jürgen (1984): Vorstudien und Ergänzungen zur Theorie des kommunikativen Handelns. 3. Aufl. Frankfurt am Main: Suhrkamp.
Haidt, Jonathan (2013): The Righteous Mind. London: Penguin Books.
Hamblin, Charles Leonard (1970): Fallacies. Socorro: Advanced Reasoning Forum.
Hannken-Illjes, Kati (2018): Argumentation. Tübingen: Narr Franke Attempto.
Heine, Heinrich (1982): Deutschland. Ein Wintermärchen. Leipzig: Reclam.
Helwig, Paul (1967): Charakterologie. Freiburg im Breisgau: Herder Bücherei.
Hess-Lüttich, Ernest W. B. (Hrsg.) (2021): Handbuch der Gesprächsrhetorik. Berlin/ Boston: Walter de Gruyter.
Hetzel, Andreas (2011): Die Wirksamkeit der Rede. Bielefeld: Transcript-Verlag.
Holocher, Herrmann (1996): Anfänge der »New Rhetoric«. Tübingen: Max Niemeyer.
Hubbard, Lafayette Ronald (1997): Scientology: Eine neue Sicht des Lebens. Seevetal-Maschen: NEW ERA Publications.
Hume, David (2000): A Treatise of Human Nature. Oxford: Oxford University Press.
Johnson, Nan (2010): Ethos. In: Theresa Enos (Hrsg.): Encyclopedia of Rhetoric and Composition (S. 243–245). New York und London: Taylor & Francis.
Kahneman, Daniel (2012): Thinking, Fast and Slow. London: Penguin Books.
Kallmeyer, Werner (Hrsg.) (1996): Gesprächsrhetorik. Tübingen: Gunter Narr.
Kast, Bas (2013): Wie der Bauch dem Kopf beim Denken hilft. 5. Aufl. Frankfurt am Main: Fischer.
Kerferd, George Briscoe (1981): The Sophistic Movement. Cambridge: Cambridge University Press.
Kienpointner, Manfred (1996): Vernünftig argumentieren. Reinbek bei Hamburg: Rowohlt.
Knape, Joachim (2003): Narratio. In: Gerd Ueding (Hrsg.): Historisches Wörterbuch der Rhetorik, Band 6. Tübingen: Wissenschaftliche Buchgesellschaft, Sp. 98–106.
Knape, Joachim (Hrsg.) (2006): Rhetorik im Gespräch. Berlin: Weidler.
Kopperschmidt, Josef (2003): War Hitler ein großer Redner? In: Josef Kopperschmidt (Hrsg.): Hitler der Redner (S. 181–204). München: Wilhelm Fink.
Kramer, Olaf (2023): Böse Rhetorik? In: Spektrum der Mediation Ausgabe 91, S. 12–14.
Krämer, Sybille, Koch, Elke (Hrsg.) (2010): Gewalt in der Sprache. München: Wilhelm Fink.
Kroll, Wilhelm (1936): Das Epicheirema. Wien/Leipzig: Hölder-Pichler-Tempsky.

Kutschera, Franz von (1993): Sprachphilosophie. 2. Aufl. München: Wilhelm Fink.
Lakoff, George, Johnson, Mark (2003): Metaphors We Live By. Chicago, London: The University of Chicago Press.
Langer, Ellen, Blank, Arthur, Chanowitz, Benzion (1978): The Mindlessness of Ostensibly Thoughtful Action: The Role of »Placebic« Information in Interpersonal Interactions. In: Journal of Personality and Social Psychology, Band 36, Nr. 6, S. 635–642.
Leeten, Lars (2019): Redepraxis als Lebenspraxis. München: Karl Albert.
Lindgren, Astrid (2017): Niemals Gewalt! Hamburg: Oetinger.
Locke, John (1988): Versuch über den menschlichen Verstand. 3. Aufl. Hamburg: Meiner.
Lyotard, Jean-François (1989): Der Widerstreit. 2. Aufl., München: Wilhelm Fink.
Makau, Josina M., Marty, Debian L. (2001): Cooperative Argumentation. Long Grove: Waveland Press.
Makau, Josina M., Marty, Debian L. (2013): Dialogue and Deliberation. Long Grove: Waveland Press.
Mérö, László (2002): Die Grenzen der Vernunft. Reinbek bei Hamburg: Rowohlt.
Milling, Hanna (2016): Storytelling – Konflikte lösen mit Herz und Verstand. Frankfurt am Main: Wolfgang Metzner.
Miscavige Hill, Jenna (2013): Beyond Belief. Thorndike: Center Point Large Print.
Moore, George Edward (1996): Principia Ethica. Stuttgart: Reclam.
Nietzsche, Friedrich (1988): Zur Genealogie der Moral. Stuttgart: Reclam.
Otto, Walter F. (1959): Sprache als Mythos. In: Bayrische Akademie der schönen Künste (Hrsg.): Die Sprache (S. 115–125). München: R. Oldenbourg.
Pauls, Helmut, Gahleitner, Silke Birgitta (2022): Humanistische Psychologie. In: Deutscher Verein für öffentliche und private Fürsorge e. V. (Hrsg.): Fachlexikon der Sozialen Arbeit. 9. Aufl. (S. 429). Baden-Baden: Nomos.
Perelman, Chaim (1997): L'empire rhéthorique. Paris: Librairie Philosophique J. Vrin.
Piaget, Jean (1998): Der Aufbau der Wirklichkeit beim Kinde. 2. Aufl. Weinsberg: Klett-Cotta.
Platon (1991): Sämtliche Werke VI (Phaidros und Theaitetos). Frankfurt am Main: Insel.
Platon (2009): Protagoras. Stuttgart: Reclam.
Platon (2011): Gorgias. Stuttgart: Reclam.
Plous, Scott (1993): The Psychology of Judgement and Decision Making. New York: McGraw-Hill.
Pollmann, Karla (2002): Mythos. In: Christoph Horn, Christof Rapp (Hrsg.): Wörterbuch der antiken Philosophie (S. 289–290). München: Beck.
Quintilian, Marcus Fabius (1995): Ausbildung des Redners. 3. Aufl. Darmstadt: Wissenschaftliche Buchgesellschaft.
Rafi, Anusheh (2021): Schleiermachers Hermeneutik: »...die Rede zuerst ebensogut und dann besser zu verstehen als ihr Urheber.« In: Anusheh Rafi, Karsten Lau-

dien, Robert Wunsch, Christopher Zarnow (Hrsg.): Impuls Schleiermacher (S. 91–108). Berlin: EB-Verlag.

Rafi, Anusheh (2022): Offene und geschlossene Fragen – eine meist kaum reflektierte Unterscheidung. In: Spektrum der Mediation, Ausgabe 87, S. 47–49.

Rapoport, Anatol (1960): Fights, Games, and Debates. Michigan: University of Michigan.

Rhetorica ad Herennium (1998) (Name des Autors nicht bekannt). 2. Aufl. Düsseldorf/Zürich: Tusculum.

Richards, Ivor Armstrong (1964): Practical Criticism. London: Routledge.

Rogers, Carl (1995): On Becoming a Person. New York: Houghton Miffling Company.

Rogers, Carl (2019): Der neue Mensch. 12. Aufl. Stuttgart: Klett-Cotta.

Savigny, Eike von (1970): Grundkurs im wissenschaftlichen Definieren. München: Deutscher Taschenbuch Verlag.

Schapp, Wilhelm (2012): In Geschichten verstrickt. 5. Aufl. Göttingen: Klostermann.

Schiappa, Edward (1992): Antilogie. In: Historisches Wörterbuch der Rhetorik, Band 1, Sp. 701–708. Tübingen: Wissenschaftliche Buchgesellschaft.

Schmid Noerr, Gunzelin (2018): Ethik in der Sozialen Arbeit. 2. Aufl. Stuttgart: Kohlhammer.

Schneider, Reto U. (2023): Die Kunst des klugen Streitgesprächs. München: Kösel.

Schneider, Wolf (2007): Deutsch!. Reinbek bei Hamburg: Rowohlt.

Schopenhauer, Arthur (1995): Die Kunst, Recht zu behalten. Frankfurt am Main, Leipzig: Insel.

Schulz von Thun, Friedemann (1981): Miteinander reden 1. Reinbek bei Hamburg: Rowohlt.

Schulz von Thun, Friedemann (1993): Miteinander reden 2. Reinbek bei Hamburg: Rowohlt.

Schulz von Thun, Friedemann (2007): Miteinander reden: Fragen und Antworten. Reinbek bei Hamburg: Rowohlt.

Searl, John R. (1969): Speech acts. Cambridge: Cambridge University Press.

Seiffert, Helmut (1980): Einführung in die Wissenschaftstheorie, Band 1. 9. Aufl. München: C. H. Beck.

Tannen, Deborah (1998): The Argument Culture. London: Virago.

Teich, Nathaniel (Hrsg.) (1992): Rogerian Perspectives: Collaborative Rhetoric for Oral and Written Communication. Norwood: Ablex Publishing Cooperation.

Thiersch, Hans (1984): Verstehen oder Kolonialisieren? In: Siegfried Müller, Hans-Uwe Otto (Hrsg.): Verstehen oder Kolonialisieren? (S. 15–30). Bielefeld: Kleine.

Thiersch, Hans (2020): Lebensweltorientierte Soziale Arbeit – revisited. Weinheim: Juventa.

Tholey, Paul (1999): Gestaltpsychologie. In: Roland Asanger, Gerd Wenniger (Hrsg.): Handwörterbuch Psychologie (S. 249–255). Weinheim: Beltz.

Toulmin, Stephen (1999): The Uses of Argument. Cambridge: Cambridge University Press.

Ueding, Gert, Steinbrink, Bernd (1994): Grundriss der Rhetorik. 3. Aufl. Stuttgart/Weimar: J. B. Metzler.

Vester, Frederic (1996): Denken, Lernen, Vergessen. 23. Aufl. München: dtv Verlagsgesellschaft.

Walton, Douglas (1992): The Place of Emotion in Argument. Pennsylvania: Pennsylvania State University Press.

Walton, Douglas (1997): Appeal to Pity. Albany: State University of New York Press.

Walton, Douglas (2006): Fundamentals of Critical Argumentation. New York: Cambridge University Press.

Watzlawick, Paul, Beavin, Janet H., Jackson, Don D. (1996): Menschliche Kommunikation. 9. Aufl. Bern: Hans Huber.

Weller, Maximilian (1954): Das Buch der Redekunst. Düsseldorf/Wien: Econ.

Wenzel, Joseph W. (2006): Three Perspectives on Argument. In: Robert Trapp, Janice Schuetz: Perspectives on argumentation: essays in honor of Wayne Brockriede (S. 9–26). New York: Idebate Press.

Widulle, Wolfgang (2012): Gesprächsführung in der Sozialen Arbeit. 2. Aufl. Heidelberg: Springer.

Wilson, James Q., Kelling, George L. (1982): Broken Windows. In: Atlantic Monthly März 1982, abrufbar unter https://media4.manhattan-institute.org/pdf/_atlantic_monthly-broken_windows.pdf.

Wittgenstein, Ludwig (1997): Über Gewissheit. 9. Aufl. Frankfurt am Main: Suhrkamp.

Xenophon (2012): Sokratische Gespräche aus Xenophons denkwürdigen Nachrichten von Sokrates. Hamburg: Tredition GmbH.

Young, Richard E., Becker, Alton L., Pike, Kenneth L. (1970): Rhetoric: Discovery and Change. New York, Chicago, San Francisco, Atlanta: Harcourt, Brace & World.

Zeigarnik, Bluma (1997): On Finished and Unfinished Tasks. In: Willis D. Ellis (Hrsg.): A Source Book of Gestalt Psychology (S. 300–314). Gouldsboro: The Gestalt Journal Press.